직장인을 위한
신개념 공부 지침서!

직장인을 위한
신개념 공부 지침서!

신개념 공부법

헤이세이 생활 연구회 지음 | 박선영 옮김

오늘부터
당장 실천할 수 있는
쉽고 간단한 공부 기술
98가지 수록

알파미디어

당신의 목표를 이루어줄 마법의 열쇠

　최근 들어 자격시험이나 업무 능력 향상을 위해 공부에 매달리고 있는 직장인들이 증가하고 있다. 바쁜 업무 스케줄에 쫓기면서도 한편으로는 조금씩 자신의 능력을 향상시키기 위해 공부를 하고 있는 것이다.

　이처럼 공부는 더 이상 학생들만의 영역이 아니다. 그러나 바쁜 시간을 쪼개어 공부를 하겠다는 의지가 아무리 강하더라도 문제는 공부법이다. 아무리 노력하고 시간을 투자해도 공부를 하는 방법이 잘못되었다면 절대로 실력을 향상시킬 수 없다. 그렇기 때문에 공부법은 무엇보다도 중요하다.

　사람들은 대부분 한 분야에 대해 공부하려면 우선 입문서부터 시작해야 한다거나 책을 읽을 때는 메모하는 것이 효과적이라고 생각한다. 이런 방법들은 공부 시간이 적은 직장인들에게 효율적인 것처럼 보이지만, 사실은 그다지 효과가 없다. 또 여름방학이 되자마자 참고서를 몇 권씩 사들이는 수험생들도 있다. 하지만 이 역시 잘못된 공부법이다.

　그밖에도 효과적이지 않은 암기법이나 효율적이지 않은 휴식으로 인해 집중력이 떨어져 그동안의 노력이 헛수고가 되거나, 목표를 잘못 세우거나 시험 직전의 잘못된 생활 습관으로 좋지 않은 결과를 초래하는 등 근본적인 개선이 필요한 경우도 적지 않다.

공부는 무엇을 어떻게 해야 하는지에 대한 '방법론'만 틀리지 않으면 노력할수록 좋은 결과를 얻을 수 있는 것이다. '노력하는 데도 잘 되지 않는다', '생각한 만큼 결과가 좋지 않다'고 생각하는 사람은 집중력이나 암기 방법에 문제가 없는지, 시간을 잘못 활용하고 있지는 않은지 자신의 약점과 그 원인을 정확하게 파악한 다음에, 이 책에 소개된 '최강 공부법'을 시험해보길 바란다. 놀라울 정도로 실력이 향상될 것이다.

이 책에 소개된 공부법들은 다양한 분야에서 눈부신 활약을 펼치고 있는 사람들이 과거에 자신들이 실천했던 최강의 공부법들로, 최대한 간단명료하고 바로 실천할 수 있는 내용들을 골라 담은 것이다. 이 책을 읽는 독자들은 자신이 기존에 믿고 있었던 공부의 정석들과 너무 다른 공부법들에 충격을 받을 수도 있다. 하지만 공부란 것은 일단 노하우만 터득하면 최소의 노력으로 최대의 효과를 얻을 수 있는 것이다.

이 책이 당신의 목표를 이루어줄 마법의 열쇠가 되길 바란다.

목차

chapter 2

의욕을 북돋아주는 집중법 · 뇌 활성법

chapter 5

실력이 쑥쑥 자라는 초강력 공부법

chapter 6

척척 진도가 나가는 계획법 · 공부방 개선법

주변에서 "암기는 자신 없다", "정작 중요한 때에 생각이 나지 않는다", " 요즘 건망증이 심해졌다" 등 자신의 기억력을 탓하는 말을 자주 듣게 된다. 하지만 이것은 두뇌의 문제가 아니라 공부법이 잘못 되어 생기는 문제들이다. 아주 간단한 비결과 평상시의 습관만으로도 기억력을 놀랄 만큼 향상시킬 수 있다.

chapter *1*

순식간에 차이가 나는
기억법 · 암기법

01

암기에 약한 사람을 위한
특효약

강렬한 이미지와 연관 지어 기억하라

일이나 공부를 하다 보면 중요한 숫자, 키워드 등 반드시 외워야 할 것들이 생긴다. 이것을 단숨에 외울 수 있다면 좋겠지만, 좀처럼 머릿속에 들어오지 않는 것들이 있다. 이럴 때는 엉뚱한 것과 연결시켜서 기억해보자.

예를 들어 한 친구가 아무리 해도 'enormous'라는 단어의 뜻을 외울 수 없다고 호소한 적이 있다. '거대한'이라는 뜻을 가진 이 단어는 그리 어려운 것도 아닌데 무슨 이유에서인지 외워지지가 않는다는 것이다. 몇 번을 반복해서 외워도 금세 뜻을 잊어버린다고 했다.

그러던 어느 날, 그는 문득 '거대한'이라는 단어와 함께 프로레슬러인 자이언트 바바가 생각났다. 바바가 필살의 포즈를 취하면서 "이노머스"라고 말하는 모습이 머릿속에 떠오른 것이다. 그 모습과 단어가 겹쳐서 각인되었고, 그 후 'enormous'라는 단어를 보면 자연스럽게 자이언트 바바와 더불어 '거대한'이라는 뜻이 연상되었다고 한다. 물론 두 번 다시 이 단어의 뜻을 잊어버릴 일도 없었다고 한다.

이렇게 일단 머릿속으로 강렬한 이미지를 만들고 나면 기억으로 정착시키기가 쉽다. 또 생각해낼 때에도 쉽게 기억의 서랍에서 꺼낼 수 있다. 하지만 강렬한 인상을 주는 이미지를 만들어내는 것이 관건이기 때문에, 너무 많은 이미지를 외우면 각각의 인상이 옅어져 기억으로 정착시키기가 어려워진다. 그러므로 이 방법은 무슨 일이 있어도 반드시 외워야 하는 것인데 다른 방법으로는 도저히 외워지지 않는다면, 그때만 꺼내 쓰는 비장의 필살기로 남겨두는 것이 현명하다.

이해의 3단계

처음에는 '그래, 맞아'라고 생각하며 책이나 자료를 읽었는데, 점차 무슨 이야기인지 이해할 수 없게 되는 경우가 종종 있다. 집중력이 떨어졌거나 다른 일로 방해를 받아서 그럴 수도 있지만, 가장 큰 이유는 공부를 하면서 이해한 내용을 제대로 정리하지 않았기 때문이다.

포인트는 공부를 하다가 '아~ 그렇구나!'라고 생각하는 순간에 있다. 이때 그냥 넘어가지 말고 이해한 내용을 대충이라도 좋으니 그림이나 도식으로 직접 그려보아야 한다. 이렇게 하면 내용을 보다 깊이 파악할 수 있다. 또한 토대를 확실하게 다졌기 때문에 내용이 심화되더라도 쉽게 따라갈 수 있으며, 다음 단계에서 헤매거나 집중력을 잃는 일도 없다.

'이해'에는 세 가지 단계가 있다. 첫 번째 단계는 머리로만 이해하는 상태다. 두 번째 단계는 이미지로 이해하는 상태며, 마지막 단계는 그림이나 도식으로 이해하는 상태다. 마지막 단계에 이르면 전체적인 모습을 확실하게 파악할 수 있을 뿐 아니라 세부 사항까지도 정확하게 설명할 수 있다.

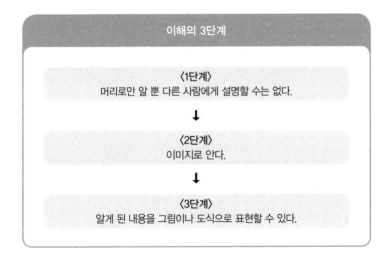

이해의 3단계

〈1단계〉
머리로만 알 뿐 다른 사람에게 설명할 수는 없다.

↓

〈2단계〉
이미지로 안다.

↓

〈3단계〉
알게 된 내용을 그림이나 도식으로 표현할 수 있다.

결국 공부한 내용을 그림으로 그릴 수 있다면 충분히 이해했다는 뜻이다. 반대로 그림으로 그려내지 못한다면 아직 이해가 부족하다는 뜻으로, 이런 상태로 진도를 나가면 도중에 또다시 벽에 부딪치거나 집중력이 떨어지기 쉽다.

집중해서 공부하려고 한다면 공부한 내용을 그림이나 도식으로 그려보자. 그러면 이해가 부족한 부분을 발견하고 보충할 수 있다. 그림이나 도식을 만족스럽게 그리면 집중력이 향상되어 다음 단계에서 헤매는 일도 없을 것이다.

02

암기하는 걸 포기하기 전에
고쳐야 할 자세

불확실한 내용은 바로 정답을 확인하라

좀처럼 외워지지 않는 이름이나 지명이 있다. 몇 번을 외워도 금방 잊어버리게 되거나 혹은 굉장히 쉬운 단어임에도 불구하고 맞춤법이 헷갈릴 때가 있다. 이럴 때 사람들은 "분명히 외우기는 했는데…"라며 어떻게든 머릿속 깊은 곳에서 희미한 기억을 끄집어내려고 한다. 하지만 이것은 그만두는 편이 좋다. 억지로 떠올리려고 하면 오히려 사실과 다르게 기억해낼 수도 있기 때문이다.

바로 떠올리지 못한다는 것은 기억이 제대로 정리되어 있지 않다는 의미다. 모호한 기억을 무리하게 끄집어내면 잘못된 정보가 튀어나올 수도 있다.

예를 들어 '김치찌개'라는 단어를 써야 하는 상황에서, 갑자기 '김치찌게'인지 '김치찌개'인지 헷갈리다가 '김치찌게'로 쓰게 되는 경우가 발생했다고 하자. 이때 문제는 올바른 맞춤법인 '김치찌개'가 아니라 '김치찌게'라는 잘못된 맞춤법이 오히려 머릿속에 정착되기 쉽다는 데 있다. 어렵게 떠올린 만큼 이 단어가 주는 인상도 강렬하기 때문이다. 나중에 '김치찌게'가 잘못된 단어라고 제대로 정리하고 넘어가면 좋겠지만, 실제로는 '김치찌게'라는 이름만 기억하고 그 이후에도 종종 무심코 같은 실수를 저지르게 되는 것이다.

그러므로 생각이 나지 않는다면 억지로 떠올리려 하지 말고 얼른 정답을 확인하자. 이때 정답을 확실하게 뇌리에 새겨둔다면 그 후로 잘못 기억하는 일은 없을 것이다. 잊어버리면 다시 찾아보면 된다. 이를 반복하는 사이에 올바른 기억이 정착될 것이다.

중요한 내용은 열 번 이상 반복해서 암기하라

공부를 하다가 중요한 어구나 개념을 발견하면 누구나 두세 번 정도는 반복해서 읽어보고 외우려고 한다. 하지만 공부를 하다 보면 두세 번은커녕 대여섯 번을 반복해도 외우지 못하는 어구나 개념과 맞닥뜨리게 될 때가 있다.

이럴 때 대부분의 사람들은 자신의 기억력이 좋지 않다며 불만스러워하거나 혹은 기억하려는 행위 자체를 쉽게 포기해버리려고 한다. 하지만 공부를 하기 위해서는 반드시 외워야 할 것들이 있다. 만약 대여섯 번 반복해도 외워지지 않는다면 열 번을 반복해보라. 열 번 정도 반복하면 대부분은 외울 수 있다.

이는 정신적인 차원의 이야기가 아니다. 과학적으로도 증명된 사실이다. 열 번이나 같은 일을 반복하면 대부분은 하나의 이미지로 머리에 정착된다. 머릿속 어딘가에 선명한 모양으로 각인되고, 다른 기억에 비해서도 특별한 존재로 자리 잡는다. 그렇게 되면 쉽게 잊히지 않게 된다.

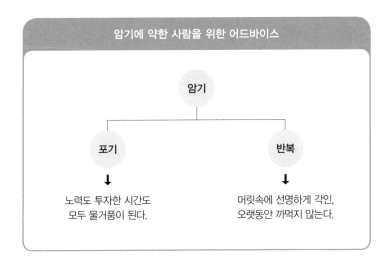

하지만 두세 번의 반복 기억으로는 하나의 이미지로 정착시킬 수 없다. 대충 기억해도 되는 것이라면 상관없지만, 중요한 사항이라면 절대로 쉽게 포기하지 말라. 두세 번 반복해서 암기할 수 있는 사람은 천재뿐이라고 생각하자.

틀린 문제는 반드시 다시 체크하라

시험을 보고 나면 점수만 확인하고 재빨리 시험지를 치워버리는 사람이 있다. 결과가 나쁘면 '이런 거 빨리 잊고 싶어'라고 생각하는 기분은 잘 알겠지만 이렇게 해서는 자신의 약점이 무엇이며 어떤 부분을 집중적으로 공부해야 되는지 파악하기가 쉽지 않다.

결국 효율적으로 공부할 수 없으니 노력에 비해 좋은 결과를 기대하기란 어렵다. 더 말할 필요도 없지만, 기억한 내용을 완전히 내 것으로 만들기 위해서는 반복해서 공부하는 수밖에 없다. 점수를 확인하고 난 후엔 반드시 시험지를 돌려받아 즉시 내용을 점검하고, 어떤 문제를 틀린 것인지, 부족한 부분이 무엇이었는지 확인한다. 그리고 '이번에는 절대 잊지 않겠다'는 각오로 다시 암기하는 자세가 중요하다.

확실하게 기억하는
지름길

다른 사람에게 이야기하듯 암기하라

　최근 블로그를 운영하는 사람들이 증가하고 있다. 이 블로그들 중에는 "이런 훌륭한 정보를 공짜로 제공하다니…"라고 여겨질 만큼 귀중한 정보도 많다. 하지만 이런 정보를 블로그에 게시하는 행위는 운영자에게도 확실한 메리트가 있다. 블로그에 정보를 제공하는 과정 자체가 공부의 한 방법이기 때문이다. 즉, 다른 사람에게 알려주는 과정을 통해 지식이나 정보를 정리하고 이를 확실하게 자기 것으로 만들 수 있다는 말이다.

　예를 들어 역사와 관련된 어떤 사건을 조사했다고 하자. 이때 그냥 책만 읽는다면 당장은 이해한 것처럼 보이지만, 세부적인 부분을 모호하게 기억하거나 얼마 지나지 않아 조사 내용을 잊어버릴 수 있다. 하지만 블로그에 조사 내용을 소개하려고 생각한다면 이해한 내용을 정리해보거나, 미처 조사하지 못했던 부분을 다시 조사하는 등 여러 가지 작업을 할 필요가 생긴다. 결과적으로 이런 작업을 통해 이해를 심화시키고, 나아가 기억을 강화할 수 있게 되는 것이다.

물론 블로그를 만들지 않아도 오랫동안 기억할 수 있는 간단한 방법이 있다. 자기가 외운 내용을 다른 사람에게 이야기해보는 것이다. 다른 사람이 이해할 수 있도록 설명하기 위해서는 먼저 자기 자신이 확실하게 이해하고 있지 않으면 안 된다. 나아가 상대가 던진 질문에 대답을 하는 동안 기억은 더욱 강화된다. 이렇게 새로 얻은 지식은 머릿속에 담아두지만 말고 자꾸자꾸 말하

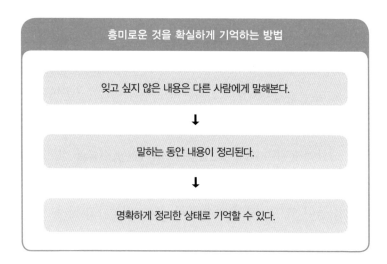

흥미로운 것을 확실하게 기억하는 방법

잊고 싶지 않은 내용은 다른 사람에게 말해본다.

↓

말하는 동안 내용이 정리된다.

↓

명확하게 정리한 상태로 기억할 수 있다.

는 편이 기억하는 데 더 좋다.

학생이라면 같은 반 친구, 직장인이라면 동료 등에게 이야기를 해보자. 주변에서 이야기할 대상을 찾기 힘들다면, 인터넷을 이용하거나 멀리 있는 친구에게 이메일로 이야기해보자. 이것만으로도 기억력 향상에 큰 도움이 될 것이다.

기억력을 두 배로 만드는 오감 활용법

초등학생들은 새로운 한자를 배우면 연습장에 열 번씩 쓰면서 외운다. 입시 공부를 할 때에도 새로운 영어 단어를 외워야 할 때에는 몇 번씩 쓰면서 암기하는 사람이 많다. 언뜻 보면 단순한 작업 같지만 이는 사실 매우 합리적인 기억법이다.

무언가를 외울 때 눈으로만 보기보다는 손으로도 쓰면서 암기하면 훨씬 기억하기가 쉽다. 암기할 때 동시에 하면 좋은 것은 쓰기만이 아니다. 듣기도 기억을 강화하는 데 효과적이다. 영어책은 소리 내서 읽어야 한다고 말하는 것도 이 때문이다. 소리 내서 읽음으로써 읽는 동시에 귀로 들으면, 눈으로만 읽을 때보다 내용이 한층 더 머리에 잘 들어온다.

눈이나 귀, 입 등 다양한 감각을 동원하면 뇌는 여러 방향에서 자극을 받는다. 그 결과 기억력이 강화된다. 다시 말해 오감을 활용할수록 기억은 확고해지는 것이다. 또 소리를 내는 것은 능

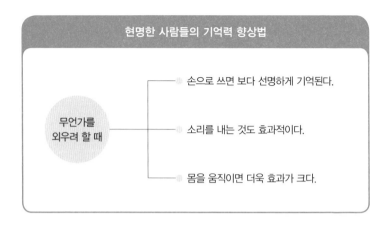

현명한 사람들의 기억력 향상법

무언가를
외우려 할 때

손으로 쓰면 보다 선명하게 기억된다.

소리를 내는 것도 효과적이다.

몸을 움직이면 더욱 효과가 크다.

동적인 행위이며 귀로 듣는 것은 수동적인 행위이다. 이렇게 상반된 행위는 뇌에 많은 자극을 주기 때문에 기억으로 정착시키기도 쉬워진다.

오감을 전부 활용하는 것이 얼마나 효과적인지는 한자를 쓰면서 외웠던 기억을 떠올려보면 잘 알 수 있다. 어떻게 쓰는지 생각이 나지 않을 때에도 막상 펜을 움직여보면 의외로 답이 나오는 경우가 있는 것처럼, 영어 단어 같은 것도 손이 철자를 기억하고 있는 경우가 꽤 많다.

무언가를 외우고 싶다면 눈이나 손, 입, 귀 등 오감을 모두 활용해보자. 오감뿐 아니라 걷거나 팔을 휘두르는 등과 같은 동작도 함께하면 더욱 효과적이다.

04

기억력을 더욱 향상시키는
비결

암기한 내용은 이틀 뒤에 재확인하라

중요한 내용을 기억하기 위해서는 몇 번이고 반복해야 한다. 즉 유지·보수를 통해 기억을 정착시켜야 하는 것이다. 그렇다면 얼마를 주기로 유지·보수를 하면 좋을까?

기간은 이틀 간격이 적당하다. 일단 암기한 내용은 이틀 뒤에 다시 한번 점검해봐야 한다.

주기가 이틀인 데에는 이유가 있다. 인간의 기억은 시간이 지나면서 희미해져가기는 하지만, 암기한 내용을 보다 많이, 보다 확실하게 떠올릴 수 있는 것은 사실 암기한 직후가 아니라 이틀 정도 지난 때라고 한다. 이는 '레미니선스reminiscence'라는 현상으로, 기억이 기억으로서 머릿속에 정리되어 정착하기 위해서는 이틀 정도의 시간이 걸린다는 이론이다. 다시 말해 이 시기에 유지 · 보수를 하면 기억이 보다 확실해진다.

또 '인간의 망각 상태'에 대한 연구로 유명해진 에빙하우스 Hermann Ebbinghaus의 망각곡선만 봐도 이틀째 되는 날 암기 내용을 유지 · 보수하는 것이 합리적임을 알 수 있다. 기계적으로 암기했을 때의 '망각 상황'을 조사한 이 망각곡선을 살펴보면, 인간의 기억력은 암기하고 20분이 지나면 절반 정도 격감하고, 그 후 이틀 동안에는 완만한 곡선을 그리면서 감소한다. 즉 기억을 유지 · 보수하기에는 기억력이 격감하면서 동시에 기억이 정리되

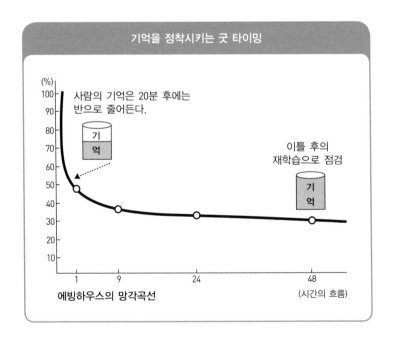

는, 암기한 날로부터 이틀째 되는 날이 가장 합리적이라는 말이 된다.

시험을 앞두고 있다면 시험 당일에서 역산, 48시간을 주기로 기억을 유지·보수할 수 있도록 계획을 세워보자. 그렇게 하면 그동안의 노력이 물거품이 되지 않게 더욱 확실하게 기억할 수 있을 것이다.

남는 시간에 기억을 심화시켜라

무언가를 기억하기 위해서는 크게 두 가지 작업을 거쳐야 한다. 하나는 새로운 것을 외우는 작업, 다른 하나는 이미 외운 것을 잊지 않기 위한 작업, 즉 '유지·보수'다. 여기서는 앞에서 언급한 것과는 다른 각도에서 접근하는 유지·보수법을 소개하겠다. 바로 자투리 시간에 유지·보수를 하는 방법이다.

하루를 되돌아보면 자투리 시간이 꽤 많다는 것을 알 수 있다. 통근을 위해 지하철을 기다리는 시간, 지하철을 타고 가는 시간, 점심 식사 후 오후 업무가 시작되기 전까지의 시간, 혹은 화장실에 가거나 목욕하는 시간 등 누구나 3분, 5분, 10분 정도의 자투리 시간이 있을 것이다. 이렇게 자투리 시간을 활용하면 효과적으로 기억을 유지·보수할 수 있다.

자투리 시간은 새로운 무언가를 외우기에는 어중간한 시간일

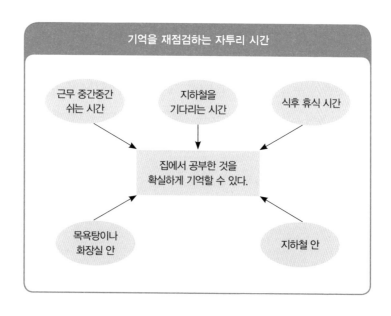

기억을 재점검하는 자투리 시간

근무 중간중간 쉬는 시간

지하철을 기다리는 시간

식후 휴식 시간

집에서 공부한 것을 확실하게 기억할 수 있다.

목욕탕이나 화장실 안

지하철 안

수 있다. 두뇌 엔진에 시동이 걸리자마자 정해진 시간이 끝나버리는 경우가 종종 있기 때문이다. 하지만 한 번 외운 것을 복습하는 경우에는 이러한 자투리 시간이 오히려 집중력을 높이는 데 도움이 될 수 있다.

시험이 끝난 바로 그날 복습하라

무언가를 공부하려고 한다면 시험을 보거나 과제물을 제출해야 하는 등의 과정을 생략할 수 없다. 대부분의 사람들은 시험이나 과제물 제출 등을 목전에 두고 열심히 노력을 한 뒤, 그러한 과정이 끝나면 술을 마시거나 영화를 보면서 피로를 풀고 싶어한다. 하지만 공부 효율을 생각하면 이는 좀 아까운 얘기다. 시험이 끝난 바로 그날, 과제물을 제출한 바로 그날이 '공부하기 가장 좋은 날'이기 때문이다. 이런 날 놀고 싶은 마음을 꾹 참고 공부를 한다면 최고의 효율을 얻을 수 있다.

시험 전날이나 과제물 제출 전날이 되면 두뇌 엔진은 풀가동된다. 그런데 이렇게 한 번 풀가동된 엔진은 쉽게 멈추지 않는다. 다시 말해 시험을 본 날이나 과제물을 제출한 날은 아직 엔진이 풀가동되고 있는 상태이기 때문에, 이만큼 두뇌가 활발하게 움직이는 때는 좀처럼 없다. 모처럼 찾아온 이 기회에 복습이나 다음 시험을 위한 공부를 한다면 그 어느 때보다 좋은 효과를 볼 수 있다는 말이다.

두뇌는 언제든지 쉽게 풀가동시킬 수 있는 것이 아니다. 어느 정도의 도움닫기 기간을 거쳐야 한다. 그렇기 때문에 이미 풀가동된 두뇌를 그대로 방치해둔다는 게 얼마나 안타까운 일인지 더 설명하지 않아도 잘 알 수 있을 것이다.

암기력을
극대화시키는 방법

적절한 수면이 암기를 돕는다

"잘 자는 아이가 건강하게 자란다"는 말처럼 공부도 마찬가지다. 잘 자는 사람이 기억력도 좋다.

잠잘 시간까지 줄여가며 공부에 힘쓰는 사람이 있는데, 기억하는 데 더 많은 시간을 투자할수록 외우는 양도 많아질 것이라고 생각하겠지만 이것은 오산이다.

오랫동안 꼼짝하지 않고 많은 내용을 암기하려고 하면, 반드시 외워야 할 내용뿐 아니라 다른 외부 정보도 함께 머릿속으로 흘러 들어간다. 이 중에는 집중력이 없어지면서 생기는 '연상'도 포함된다. 결국 이런 외부 정보 때문에 정말로 외워야 하는 정보가 교란되어 기억으로 정착되기가 힘들다.

기억을 정착시키기 위해서는 외부의 쓸데없는 정보를 막는 것이 중요하다. 이를 위해서는 자는 것이 제일 좋다. 실제로 미국하버드대학의 한 정신의학자는 지식을 대뇌에 각인시키기 위해서는 6시간 이상 자야 한다는 사실을 실험을 통해 밝혀냈다. 잠을 자는 동안에는 외부 정보가 들어오지 않기 때문에, 수면은 정확한 기억 정착에 많은 공헌을 한다.

자는 시간을 아까워하며 암기에 힘쓰는 것은 결코 현명한 방법이 아니다. 외웠다면 일단 잔다. 그리고 아침에 일어나 가볍게 복습하면 보다 확실하게 기억할 수 있을 것이다.

기억 효율을 따져서 암기하라

새로운 말이나 어구를 외울 때에는 애써 외우려 들지 않는 편이 좋다. 무엇이든 전부 암기하려고 몇 시간이나 책상 앞에 앉아 있는 것은 너무 비효율적인 행동이다.

인간이 무언가를 기억하려고 할 때 그 효율은 시간이 지남에 따라 낮아진다. 예를 들어 처음 1시간 동안에는 교재 10쪽 분량을 암기할 수 있었다고 할지라도, 그 다음 1시간 동안 10쪽을 외우는 것은 불가능하다. 현실적으로 생각하면 2시간 동안에 15쪽 정도를 암기하면 그나마 다행이며, 3시간째가 되면 효율은 더욱 낮아진다.

기억력이 풀가동되는 시간은 한정되어 있다. 즉, 효율적으로 기억하기 위해서는 기억력이 풀가동되는 시간을 효과적으로 이용하는 것이 중요하다는 말이다. 단, '기억 효율'이 좋은 시간은 사람마다 모두 다르다.

성인이라면 대체로 1시간 전후(아이의 경우에는 더욱 짧다)로, 이를 초과해서 더 많이 기억하려 들면 효율이 떨어진다. 기억해야 할 내용이 머리에 들어가지 않는다고 느낀다면 이미 효율성이 높은 시간을 초과했다고 생각하면 될 것이다. 이때에는 차라리 휴식을 취하거나 머리를 쉬게 하는 것이 더 낫다.

자신이 높은 기억 효율을 유지할 수 있는 시간이 얼마 동안인지 확인하고, 이에 맞춰 암기하도록 하자.

암기에 약한 사람을 위한 특효약

강렬한 이미지와 연관 지어 기억하라

아무리 해도 외워지지 않을 땐 강렬한 이미지를 만들어 기억하는 것이 효과적이다.

이해의 3단계

〈1단계〉
머리로만 알 뿐 다른 사람에게 설명할 수는 없다.

〈2단계〉
이미지로 안다.

〈3단계〉
알게 된 내용을 그림이나 도식으로 표현할 수 있다.

 암기하는 걸 포기하기 전에 고쳐야 할 자세

불확실한 내용은 바로 정답을 확인하라

무리해서 떠올리면 실수를 할 수 있다. 떠오르지 않을 땐 재빨리 정답을 찾아보라.

중요한 내용은 열 번 이상 반복해서 암기하라

포기하지 않고 반복하여 머릿속에 선명하게 각인시키면 오랫동안 까먹지 않을 수 있다.

틀린 문제는 반드시 다시 체크하라

기억력을 증진시키기 위해서 틀린 문제는 즉시 점검하여 내 것으로 만든다.

확실하게 기억하는 지름길

다른 사람에게 이야기하듯 암기하라

① 잊고 싶지 않은 것은 다른 사람에게 말해본다.
② 말하는 동안 내용이 정리된다.
③ 명확하게 정리한 상태로 기억할 수 있다.

기억력을 두 배로 만드는 오감 활용법

① 손으로 쓰면 보다 선명하게 기억된다.
② 소리를 내는 것도 효과적이다.
③ 몸을 움직이면 더욱 효과가 크다.

 기억력을 더욱 향상시키는 비결

암기한 내용은 이틀 뒤에 재확인하라

사람의 기억은 20분 후에는 반으로 줄어들기 때문에 이틀 후 재학습으로 점검하는 습관을 들여야 한다.

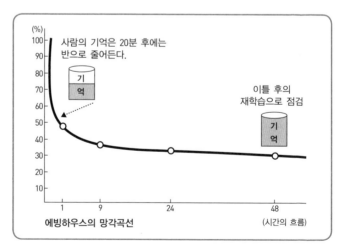

에빙하우스의 망각곡선 (시간의 흐름)

남는 시간에 기억을 심화시켜라

① 지하철을 기다리는 시간
② 식후 휴식 시간
③ 지하철 안에서의 시간
④ 목욕탕이나 화장실에서의 시간
⑤ 잠시 쉬는 시간

시험이 끝난 바로 그날 복습하라

마감일이나 시험이 끝나는 날이 공부 효율이 최고조에 이르는 날이므로, 이런 날을 적극 활용하라.

 암기력을 극대화시키는 방법

적절한 수면이 암기를 돕는다

잠을 자는 동안에는 외부 정보가 들어오지 않기 때문에 수면은 기억 정착에 많은 공헌을 한다.

기억 효율을 따져서 암기하라

기억 효율 시간은 한정적임을 인식하고, 자신에게 맞는 기억 효율 시간을 찾아서 암기하는 것이 효과적이다.

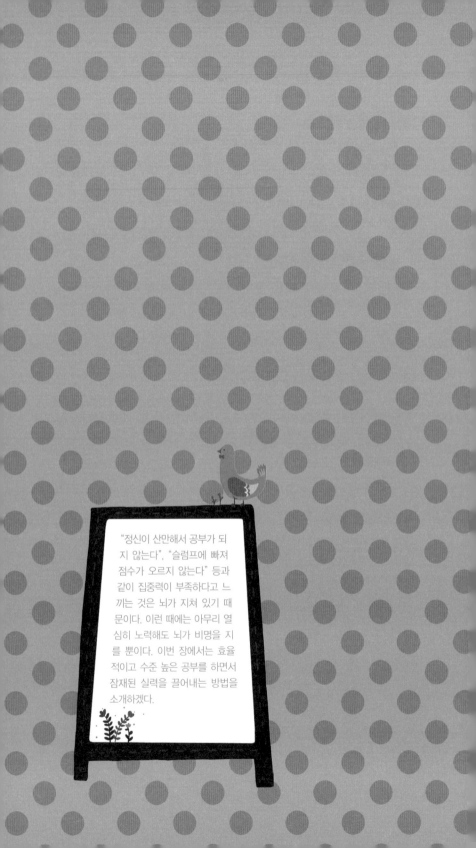

"정신이 산만해서 공부가 되
지 않는다", "슬럼프에 빠져
점수가 오르지 않는다" 등과
같이 집중력이 부족하다고 느
끼는 것은 뇌가 지쳐 있기 때
문이다. 이런 때에는 아무리 열
심히 노력해도 뇌가 비명을 지
를 뿐이다. 이번 장에서는 효율
적이고 수준 높은 공부를 하면서
잠재된 실력을 끌어내는 방법을
소개하겠다.

chapter **2**

의욕을 북돋아주는
집중법 · 뇌 활성법

01

공부에 집중하지 못하는
사람을 위한 비법

유혹을 공부에 대한 의욕을 높이는 데 활용하라

공부를 방해하는 유혹은 수도 없이 많다. '텔레비전을 보고 싶다', '휴대전화로 친구와 수다를 떨고 싶다', '인터넷으로 웹서핑을 즐기고 싶다' 등 유혹의 종류도 갖가지다.

대부분의 사람들은 이런 유혹이 생기더라도 꾹 참고 공부에 집중한다. 하지만 계속 참기만 하면 욕구불만이 심해져 짜증이 나고 오히려 집중력이 떨어진다. 이럴 때에는 유혹을 유혹으로 인정하고 그것을 '나에게 주는 상'으로 활용하도록 하자. 예를 들어 지금 공부하고 있는 부분을 끝마치면 친구에게 전화를 걸겠다든가, 앞으로 몇 페이지를 더 끝내면 웹서핑을 하면서 잠시 쉬거

나 커피를 마시겠다는 식으로 말이다.

이렇게 상을 만들어두면 상을 빨리 받고 싶어서라도 열심히 하는 것이 인간이다. 자연스럽게 집중력도 오르고 목표한 양을 보다 빨리 끝낼 수도 있다. 게다가 즐거운 일이 기다리고 있다고 생각하면 눈앞의 공부도 그다지 괴롭게 느껴지지 않는다. 오히려 가슴이 두근거려 공부 자체를 즐기게 될 수도 있다.

유혹을 나에게 주는 상으로 바꾸면 유혹은 더 이상 공부의 적이 아니다. 오히려 공부에 대한 의욕을 북돋아주는 든든한 아군이다. 공부 사이사이에 이처럼 유혹을 끼워두어 공부에 집중할 수 있도록 해보자.

산만할 때는 이미지 트레이닝 기법을 사용하라

스포츠 선수들 중에는 이미지 트레이닝을 적극적으로 도입해서 유용하게 활용하는 사람들이 많다. 이 이미지 트레이닝 중 가장 좋은 것이 '자신이 성공한 이후'를 떠올리는 방법이다. 다시 말해 프로 야구 선수라면 홈런을 날리는 순간, 골프 선수라면 위닝 퍼트winning putt로 승리를 결정짓는 순간을 떠올리는 훈련을 통해 본 경기에서 집중력을 높이는 것이다.

이는 공부도 마찬가지다. 공부에 집중할 수 없거나 진척이 없을 때에는, 공부를 마치면 어떤 즐거운 일이 생길지 상상해보자. 예를 들어 인터넷에 공부 성과를 공개했더니 큰 반향이 돌아왔다든가, 자격증을 취득했더니 다양한 회사에서 러브콜을 보내는 이메일이 속속 도착했다든가 하는 모습을 떠올려본다. 아니면 몰랐던 사실을 알게 됐을 때의 쾌감을 상상해보는 것만으로도 좋다.

이렇게 성공한 모습을 상상하면 지금의 공부도 그리 괴롭지만은 않다고 생각하게 될 것이다. 어려움을 극복하려는 의지가 생기면 흐트러졌던 집중력도 되살아난다.

똑똑한 식사법이 공부 의욕을 불러일으킨다

사람들에게 가장 좋아하는 야식이 무엇이냐고 물으면 다들 컵라면이나 샌드위치, 삼각 김밥 등을 떠올릴 것이다. 빨리 먹을 수 있어서 편할지는 모르겠지만 이런 음식들은 밤늦게 공부하는 데에는 방해만 될 뿐이다. 왜냐하면 컵라면이나 샌드위치와 같은 음식은 그다지 씹을 필요가 없으므로 공부하려는 의욕을 불러일으키지 않기 때문이다.

음식을 입에 넣고 턱을 움직여 씹는 저작咀嚼 행위는 뇌에 좋은 자극을 준다. 이 행위를 담당하는 근육인 교근이 뇌 가까이에 있기 때문에, 교근을 강하게 움직이면 뇌에도 강한 자극을 주게 된다. 그리고 이 자극에 의해 멍했던 뇌가 활성화되어 새로운 의욕이 생긴다.

수험생이든 직장인이든 의욕을 불러일으키고 싶다면 식사를 할 때 많이 씹는 편이 좋고, 또 많이 씹지 않으면 안 되는 메뉴를 선택해야 한다. 세 끼 식사만 할 경우라도 가능한 한 턱을 많이 움직인다면 그만큼 의욕이 생길 것이다. 게다가 많이 씹으면 소화도 잘 되고 공부하는 도중에 졸음 때문에 고생하는 일도 줄어들 것이다.

턱을 움직인다는 의미에서는 껌을 씹으면서 공부하는 것도 나쁘지는 않다. 학원이나 도서관 등 공공장소에서라면 다른 사람에게 피해가 가기 때문에 힘들겠지만, 집에서 혼자 공부를 한다든지 할 때에는 상관없다.

02
집중력을 되찾는
테크닉

의욕이 생기지 않을 때에는 잠시 휴식을 취하라

때로는 책상 앞에는 앉았지만 책을 펼칠 기분이 나지 않을 때도 있다. 이럴 때는 책을 펼쳐도 읽고 싶은 의욕이 생기지 않고 딴 생각만 하게 된다.

자, 이렇게 공부에 대한 의욕이 생기지 않을 때는 일부러 옆길로 새보자. 작가들 중에는 바쁠수록 좋아하는 번역 소설 등을 읽는다는 사람이 적지 않은데, 사실 이런 행동은 도피가 아니라 일종의 워밍업이다. 성실한 학구파 중에는 일단 책상 앞에 앉으면 무슨 일이 있어도 공부를 시작해야 한다고 착각하는 사람도 있지만, 의욕이 생기지 않을 때에는 무리하게 공부를 하려고 해도 능률이 오르지 않는다. 이럴 때는 잠시 옆길로 새서 휴식을 취한 뒤 공부를 하기 위한 정신적인 에너지를 모은다. 그러면 공부를 시작했을 때 금방 집중할 수 있다. 이렇게 하는 편이 결과적으로는 무리하게 집중하는 것보다 훨씬 효율적이다.

휴식을 취할 때는 두뇌를 자극해주는 행위를 해보자. 소설을 몇 쪽 읽어도 좋고, 잡지에 실린 칼럼을 읽어도 좋다. 아니면 친구가 보낸 이메일의 답장을 쓰는 것도 좋다. 이렇게 가벼운 휴식으로 집중도를 높였다면 그때 슬슬 공부를 시작한다.

물론 옆길로 새는 시간이 너무 길어져서는 안 된다. 소설을 수십 페이지나 읽어버리면 흥미가 완전히 소설로 옮겨가 공부할 마음이 사라질 것이다. 휴식을 취하는 것은 단지 준비운동이라 생각하고, 너무 오랫동안 빠지지는 않도록 노력하자.

목표를 설정하면 뇌는 풀가동 모드가 된다

책상 앞에 앉았지만 의욕이 전혀 생기지 않고 스스로도 긴장이 풀려 효율이 오르지 않는다고 느끼는 경우가 있다. 이럴 때에는 '마감'을 정해보자.

사람은 마감이 없으면 긴장이 풀리기 쉽다. 회사에서 일을 할 때에도 거래처의 납기 기한이 있으면 이를 맞추기 위해 필사적으로 일하게 된다. 무리라고 여겨지는 기한이라도 그 안에 해치우겠다고 결심하면 자신도 믿을 수 없을 정도로 높은 집중력을 발휘하게 되어, 결국엔 무리라고 생각했던 기한 안에 일을 끝낼 수 있다.

베스트셀러 작가라고 불리는 이들도 사실은 마감이 있었기 때문에 훌륭한 작품을 쓸 수 있었다고 말한다. 마감이 없는 경우 어지간한 작가가 아니면 글쓰기에 몰두하는 게 쉽지 않다. 하지만 마감 날짜가 있기 때문에 이를 맞추기 위해 집중력을 발휘하고, 결과적으로 뛰어난 작품을 완성할 수 있는 것이다.

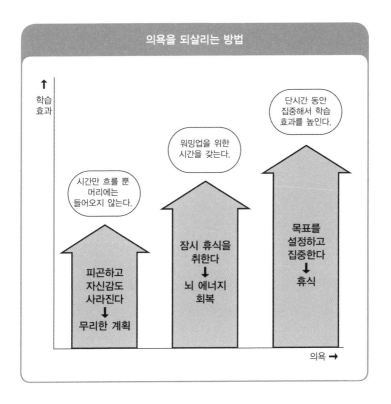

물론 스스로 꾸준히 해야 하는 공부에는 일처럼 납기 기한이 있거나 작가처럼 마감이 있는 것은 아니지만, 스스로 목표를 설정함으로써 이와 비슷한 상황을 조성할 수는 있다. 예를 들어 '이번 주말까지 이 책을 끝내자'라든가, '오늘밤 안에 이 단원을 정리하자'와 같이 목표를 만들면 자연스럽게 집중력이 향상될 것이다.

03

공부 효율을 두 배로
높이는 방법

집중했다면 머리를 잠시 쉬게 하라

항상 시간에 쫓기는 직장인은 공부 시간이 부족해 1분, 1초도 아쉬워한다. 때문에 아무리 공부를 하느라 머리를 많이 썼더라도 시간이 남으면 이제까지의 기세를 타고 조금 더 진도를 나가려고 한다. 하지만 이는 그다지 효율적인 공부법이라고 할 수 없다. 오히려 집중력이 떨어져 헛수고로 끝날 확률이 높다.

극도로 집중해서 머리를 쓴 다음 다시 집중하기란 여간 어려운 일이 아니다. 이미 대부분의 에너지를 써버렸기 때문에 다시 집중하기 위해서는 에너지를 보충해야 한다. 이때는 과감하게 딴전을 부리면 어떨까. 노래방에서 장난스러운 노래를 부르

지친 뇌의 피로를 푸는 방법
집중해서 공부에 에너지를 다 쓴다
↓
즐겁게 놀면서 머리를 비운다
↓
다시 공부에 집중한다

는 것도 좋고, 자녀와 함께 노는 것도 좋고, 게임에 빠지는 것도 좋다. 이는 결코 에너지를 낭비하는 것이 아니다. 공부에 필요한 에너지와 노는 데 필요한 에너지는 별개라고 생각해야 한다. 한 번 놀이에 에너지를 발산한 다음 책상 앞에 앉으면 다시 놀라울 정도로 공부에 필요한 고도의 집중력을 발휘할 수 있다.

'열심히 노는 사람'은 동시에 '열심히 공부할 수 있는 사람'이기도 한 것이다.

지칠수록 활발하게 움직여라

매일 바쁜 업무로 녹초가 되면 일요일 정도는 집에서 푹 쉬고 싶어진다. 하지만 이렇게 원하는 대로 낮잠만 자면 월요일이 되어도 여전히 몸이 무겁고 의욕이 생기지 않는다. 누구나 한 번쯤 이런 경험이 있을 텐데, 이는 낮잠이 좋은 휴식 방법이 아니기 때문이다.

물론 몸과 마음이 모두 지쳤을 때에는 이렇게 '소극적인 휴식'을 취할 필요도 있지만, 그 정도가 아닐 때에는 낚시를 하거나 가족과 함께 산책을 하는 등 '적극적인 휴식'을 취하는 편이 피로 회복에 훨씬 더 좋다.

공부도 마찬가지다. 공부에 지쳤다고 해서 그냥 의자에 앉아서 쉬면 큰 효과가 없다. 이것은 하루 종일 낮잠을 자서 몸이 무거워지는 것과 똑같다. 음악을 듣거나 목욕을 하며 몸과 마음을 재충전하는 등의 적극적인 휴식을 취하는 것이 공부에 더 많은 도움이 된다. 가볍게 체조를 하는 것도 좋고 방 안을 그저 걷기만 해도 괜찮다.

적극적인 휴식을 취하면 의욕이 얼마나 생길까? 세체노프 I. M. Sechenov라는 대뇌 생리학자의 실험에 의하면 그냥 쉬었을 때보다도 몸을 움직이면서 적극적으로 쉬었을 때 그 이후의 작업 능률이 60~70퍼센트나 향상된다고 한다.

너무 피곤해서 책상 위에 엎드리고 싶어진다면 어깨나 팔이라도 돌려보자. 그렇게 몸을 움직여 휴식을 취하는 것이 피로 회복에 훨씬 더 도움이 될 것이다.

　오래 공부를 하기 위해서는 휴식에 신경을 써야 한다. "나는 4시간, 5시간 내리 집중해서 공부할 수 있다"는 사람도 있을지 모르지만, 그렇게 말하는 사람도 실제로 시간이 흐르면서 집중력이 떨어지게 된다. 본인은 공부했다고 생각하지만 사실은 그저 책상 앞에 앉아 있었을 뿐일지도 모른다. 공부하는 틈틈이 휴식을 취해야 집중력이 회복되고 더 오래 공부할 수 있다.

　그렇다면 어느 정도의 비율로 쉬면 좋을까? 기본적으로는 자신의 능력과 몸 상태에 맞추는 게 가장 좋지만, '20분 집중, 10분 휴식'을 하나의 기준으로 삼는 것도 좋은 방법이다. 이는 심리학자 요스트 Jost, A. 가 주창한 것으로, 이를 반복하면 최고의 공부 효과를 낼 수 있다고 한다.

　언뜻 '20분 집중'이라고 하면 매우 짧게 느껴질 수도 있지만, 1시간 집중해서 공부했다고 생각해도 알고 보면 20분 정도가 지났을 때부터는 이미 다른 생각을 하는 등 딴짓을 하는 경우가 많다. 즉 사람은 20분간 집중하고 나면 무의식중에 휴식을 취하게 된다는 말이다.

　다른 심리학자 중에도 요스트와 비슷하게 생각한 이가 있다. 심리학자 라일리는 '25분 독서법'을 주창하는데, 그의 연구에 따르면 인간이 주의력을 유지할 수 있는 시간은 25분이 한계라고 한다. 그 이상은 집중할 수 없으며 휴식을 취할 필요가 있다는

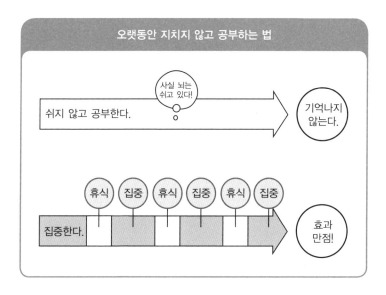

것이다. 또 인간이 얼마나 오랫동안 집중할 수 있는지를 알아보려고 '작업 검사법'이라는 실험을 한 결과, 주부는 15분 만에, 직장인은 40분 만에 작업 능력이 반으로 떨어졌다고 한다.

이 실험을 통해서도 인간은 그리 오랫동안 집중할 수 없다는 사실을 알 수 있다. 그러므로 적절하게 휴식을 취해야 한다. 공부하는 사이사이에 효과적으로 휴식을 취한다면 결과적으로는 능률이 현저하게 향상될 것이다.

04

뇌의 활력을
되살리는 비결

웃음으로 지친 뇌를 활성화시켜라

만담을 듣고 크게 웃으면 다시 공부를 시작하기가 쉬워진다고
한다. '깔깔 웃는 게 도대체 공부에 무슨 도움이 될까'라고 생각
하는 사람도 있겠지만, 이는 웃음의 효과를 과소평가한 것이다.

웃음은 지친 두뇌를 활성화시켜준다. 이것은 단순히 기분 전
환을 할 수 있다는 말이 아니다. 생리학적인 근거가 있다.

일단 사람은 웃으면 얼굴 근육을 많이 움직이게 되는데, 이때
근육이 움직이면서 생기는 자극이 뇌에 전달되어 뇌가 활성화된
다. 나아가 웃음이 경동맥을 자극, 뇌로 가는 혈류도 좋아진다.
쉬는 시간에 한바탕 웃고 나면 뇌도 기운을 되찾고 집중력도 되

살아나는 것이다.

물론 웃음이 목적이므로 만담이 아니라 코믹 만화나 유머 책을 읽으며 웃는 것도 좋다. 크게 웃고 나면 공부로 쌓인 피로가 사라지고 다시 책상 앞에 앉을 기운을 얻을 수 있을 것이다.

단, 10분에서 15분 정도 정해진 시간 동안 실컷 웃었다면 다시 공부로 돌아와야 한다.

산책으로 의욕을 되찾아라

공부를 시작하기는 했지만 도저히 의욕이 생기지 않을 때가 있다. 이럴 때는 산책이라도 나가보면 어떨까. 산책을 하자마자 기분이 상쾌해질 뿐 아니라 의욕이 마구 솟아날 것이다.

고작 산책 정도로 의욕이 높아질까 의심하는 사람도 있겠지만, 여기에는 과학적 근거가 있다. 앞에서 설명한 대로 근육은 신경이나 뇌와 밀접한 관계에 있다. 근육을 움직이면 뇌는 자극을 받아 활성화된다. 게다가 큰 근육을 움직이면 움직일수록 뇌로 향하는 자극도 커진다.

우리 몸에서 큰 근육은 넓적다리에 있다. 이곳의 근육을 '대퇴근'이라 하는데, 이를 움직이게 하려면 뛰거나 산책을 해야 한다. 잘 뛰지 못하는 사람도 산책 정도는 가능할 것이다. 이렇게 산책을 한 후에 책상에 앉으면 집중해서 공부를 할 수 있다.

물론 산책은 기분 전환에도 큰 도움이 된다. 산책을 하면서 경치나 행인을 구경하다 보면 공부를 하면서 쌓였던 스트레스가 발산되어 새로운 기분으로 공부를 시작할 수 있다.

실제로 동서고금을 막론하고 지식층이라고 불리거나 독창적인 발상을 했던 인물 중에는 산책을 좋아하는 사람이 많다. 독일의 문학자인 괴테나 작곡가인 베토벤이 대표적이다. 또한 일본에는 철학자 니시다 기타로西田幾多郞가 거닐었던 '철학의 길'이 있을 정도다.

오늘부터라도 공부하느라 심신이 지치면 산책을 나가는 버릇을 길러보자.

뇌에 쌓인 피로를 푸는 효과적인 숙면 시간

공부와 일을 동시에 하려면 수면 시간을 줄여야 한다고 생각하는 사람이 많다. 8시간 수면을 이상적이라고 한다면 대부분의 사람은 수면 시간을 줄여야 할 것이다. 하지만 사실 8시간 수면이 좋다는 것은 뚜렷한 근거가 없다. 최근 들어 밝혀진 수면의 메커니즘에 따르면 잠은 6시간 30분만 자도 충분하다.

인간의 수면에는 깊은 잠인 논렘 수면NREM sleep과 얕은 잠인 렘 수면REM sleep의 두 종류가 있다. 그리고 이것이 한 세트가 되어 90분 주기로 반복된다. 깨어 있는 동안 풀가동했던 뇌를 쉬게 하

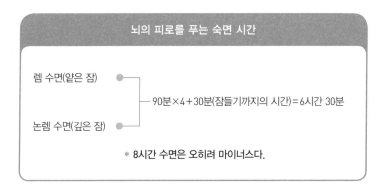

렘 수면(얕은 잠)

논렘 수면(깊은 잠)

90분×4+30분(잠들기까지의 시간)=6시간 30분

* 8시간 수면은 오히려 마이너스다.

기 위해서는 이 90분 주기의 수면을 네 세트 취하면 된다.

수면에서 가장 중요한 것은 눈을 뜨는 타이밍으로, 한 세트가 끝난 다음에 눈을 뜨면 머리가 맑아진다. 잠들기까지의 시간이 30분, 그리고 90분 주기의 수면을 네 세트 취하면 수면 시간은 전부 합해 390분이다. 다시 말해 잠자리에 들 때 6시간 30분 후에 알람이 울리도록 하면 상쾌하게 눈을 뜰 수 있는 것이다.

그러나 공부를 끝내자마자 바로 이불 속에 들어가도 뇌는 여전히 흥분한 상태여서 쉽게 잠들지 못한다. 그럴 때에는 미지근한 물에 몸을 담그거나, 아로마 향이나 조용한 음악으로 긴장을 풀면 좋다. 또 자기 전에는 음주를 피하는 것이 좋다. 알코올은 오히려 뇌를 흥분시켜서 양질의 수면을 방해한다.

상쾌한 하루를 보내기 위해서는 잠에서 깨는 방식도 중요하다. 매일 같은 시간에 일어나서 아침 해를 보자. 이렇게 하면 대뇌가 하루가 시작되었다는 것을 깨닫고 바로 활동을 시작한다.

05
집중력을
강화시키는 법

사고력이 두 배가 되는 메모의 기술

책이나 자료를 읽고 나서 좀처럼 생각이 정리되지 않는 경우가 있다. 생각이 한군데에 집중되지 않고 이러지도 저러지도 못하는 사이에 아까운 시간만 흐른다. 책상 앞에서 머리를 굴려보려고 하지만 그리 잘 되지도 않는다. 이런 때에는 우선 손을 움직여 컴퓨터 자판을 두드리거나 메모지에 무언가를 적어보자. 지금 생각하고 싶은 것에 대해서 뭐든지 떠오르는 대로 쓰다 보면 자연스럽게 집중해서 생각할 수 있게 될 것이다.

머릿속으로만 생각해서는 사고의 흔적이 어디에도 남지 않는다. 그 결과 사고의 폭을 넓힐 실마리를 찾기가 힘들어진다. 그

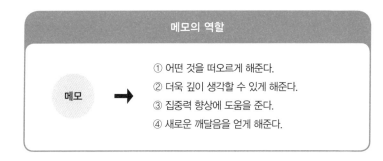

메모의 역할	
메모 →	① 어떤 것을 떠오르게 해준다.
	② 더욱 깊이 생각할 수 있게 해준다.
	③ 집중력 향상에 도움을 준다.
	④ 새로운 깨달음을 얻게 해준다.

러나 메모를 하다 보면 사고의 흔적이 남는다. 이 흔적을 실마리 삼아 아이디어를 심화시켜가거나 다른 발상을 할 수도 있다. 자신이 쓴 메모는 생각을 심화시키기 위한 에너지원이 되어주는 것이다.

예를 들어 수학 공부를 할 때 머릿속에서 수식을 떠올리는 것만으로는 좀처럼 문제가 풀리지 않는다. 하지만 실제로 종이에 이것저것 생각나는 수식을 쓰다 보면, 문제에 집중할 수 있게 되고 해답의 실마리도 찾게 된다. 이것이 메모의 힘이다.

또 메모를 하면서 지금 자신에게 어떤 부분이 부족한지도 발견할 수 있다. 예를 들어 역사에 대해 이것저것 쓰다 보면 '아, 나는 로마사에 대한 기본 상식이 부족하다' 등의 사실을 깨닫게 된다. 이런 부분을 보충해가면 사고가 더욱 풍부해지고 공부할 때의 집중력도 향상된다.

쓰는 작업은 논문을 정리하는 등 최종 단계의 작업이라고 생각하기 쉽지만, 사실은 집중력을 높이기 위한 효과적인 수단이기도 하다.

공부가 좋아지도록 의미를 부여하라

좋아할수록 자연스럽게 열중할 수가 있다. 분명히 그 말이 맞다. 어떤 분야든 좋아하게 되면 의욕이 솟는다. 평소에는 생각할 수 없을 정도의 집중력을 발휘할 수 있게 되고, 실력도 향상된다. 이는 공부도 마찬가지다. 공부하려는 의욕을 불러일으키고 싶다면 공부를 '좋아하는 것'이 제일이다.

의욕과 좋고 싫음의 감정이 얼마나 밀접한 관계에 있는지는 과학적으로도 증명되었다. 인간의 의욕을 좌우하는 것은 대뇌변연계大腦邊緣系에 있는 측좌핵이다. 이 측좌핵은 사실 좋고 싫음에 대한 감정이나 그 기억을 담당하는 편도핵, 해마(이것들도 모두 대뇌변연계에 속해 있다)와 밀접하게 연결되어 있다.

잘 생각해보면 의욕의 근원은 좋아한다는 감정이나 욕망인 경우가 많다. 그래서 싫어하는 분야는 아무리 억지로 공부하려 해도 좀처럼 의욕이 생기지 않는 것이다. 그렇다면 어떻게 해야 공부를 좋아할 수 있을까?

직장인이 어떤 한 분야에 대해 공부를 시작했다면 분명히 평소에 관심 있고 흥미를 느끼던 분야였을 것이므로 아무런 문제가 없다. 하지만 어쩔 수 없이 자격증을 따기 위해 공부를 하려는 경우라면 흥미를 느낄 수 있을지 없을지 알 수 없다. 이런 때에는 자신의 문제의식이나 지적 호기심을 고양시켜, 그 자격증을 취득하는 것이 얼마나 자신의 지적 흥미를 만족시켜줄지를 철저하게 생각해본다. 이렇게 억지로라도 자신의 흥미를 불러일으킴으로써 그 분야를 좋아하도록 노력해보자.

싫어하는 공부를 꼭 해야만 하는 경우도 마찬가지다. 자신에게 취약하고 싫어하는 분야라고 할지라도 잘 찾아보면 좋아하는 부분이 있을 수 있다. 거기에서부터 공부의 의지를 불태운다면 점점 의욕이 생겨서 더욱 빨리 목표를 이룰 수 있을 것이다.

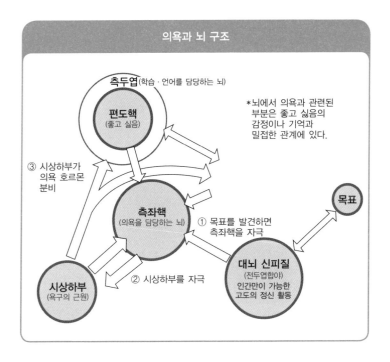

의욕과 뇌 구조

측두엽(학습·언어를 담당하는 뇌)

편도핵
(좋고 싫음)

*뇌에서 의욕과 관련된
부분은 좋고 싫음의
감정이나 기억과
밀접한 관계에 있다.

③ 시상하부가
의욕 호르몬
분비

측좌핵
(의욕을 담당하는 뇌)

목표

① 목표를 발견하면
측좌핵을 자극

대뇌 신피질
(전두엽합야)
인간만이 가능한
고도의 정신 활동

시상하부
(욕구의 근원)

② 시상하부를 자극

—
06
장시간
집중하는 방법

공부에 속도가 붙었을 때 휴식을 취하라

공부를 하는 동안 점점 집중력이 높아져서 공부의 속도를 내게 될 때가 있다. 이렇게 속도가 붙었을 때 기회를 놓치지 않고 두뇌를 풀가동시키는 것은 당연하다. 대부분의 사람들은 공부하는 내용이 일단락될 때까지 전속력으로 공부하려 할 것이다. 하지만 이때 잠시 공부를 중단하고 쉬어보는 것은 어떨까.

모처럼 속도가 붙었는데 공부를 중단하면 너무 아깝다고 생각할지도 모르지만, 공부를 재개할 때를 생각하면 중간에 일부러 쉬어주는 것도 효과적이다. 공부에 속도가 붙었다고 해서 목표한 만큼 공부를 한 후 휴식을 취한다면 그 다음에 공부를 시작하려 할 때 문제가 생긴다. 갑자기 새로운 주제에 대해서 공부해야 하기 때문에 어떻게 하면 좋을지 몰라 당황할 수 있기 때문이다. 이럴 경우엔 처음부터 원하는 만큼의 집중력이 생기는 것이 아니라 조금씩 공부의 세계로 빠져들게 되어 더 많은 시간이 소요된다.

한편 목표한 만큼의 공부 분량을 마무리하기 전 한창 속도가 날 때 중단하고 잠시 쉬는 경우는 어떨까. 잠시 쉬고 나서 다시 공부를 시작할 때 가장 먼저 눈에 들어오는 것은 한창 속도가 났을 때 공부했던 부분이기 때문에 두뇌는 금세 풀가동된다. 이 경우 처음부터 속도가 붙기 때문에 생각 이상으로 많은 양을 공부할 수 있다.

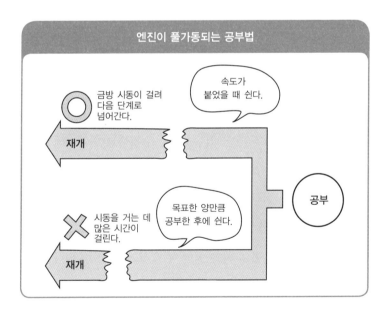

또 속도가 붙었을 때 휴식을 취하면, 쉴 때에도 무의식중에 뇌가 활발히 움직이기 때문에 지금까지 떠오르지 않았던 아이디어가 생각나기도 한다.

한창 공부가 잘 될 때 어쩔 수 없는 상황으로 인해 잠시 공부를 중단해야 했던 경험이 누구나 한 번쯤은 있을 것이다. 당장 그 상황에서는 공부의 맥이 끊어졌다고 화를 낼 수도 있겠지만, 과학적 효과를 생각한다면 화를 낼 일만은 아니다.

바른 자세보다 편한 자세가 중요하다

공부는 당연히 책상에 앉아서 해야 한다고 생각하는 사람이 적지 않다. 아이가 엎드려서 책을 읽고 있으면 부모들은 바로 주의를 줄 것이다. 하지만 사실은 뒹굴면서 공부하는 것도 좋다. 엎드리거나 책상 위에 발을 올리고, 혹은 안락의자에 앉아 편한 자세로 공부를 한다면, 어깨가 결리거나 피로감이 몰려오는 것을 어느 정도 막을 수 있기 때문에 오히려 집중력이 지속된다.

반대로 무리하게 책상 앞에 달라붙어 있으면 빨리 지칠 수밖에 없다. 그렇지 않아도 하루 종일 사무실 책상에서 컴퓨터를 마주하고 있는데, 이렇게 지친 상태로 집에 와서 또다시 책상 앞에 무리하게 앉아 있으면 허리와 어깨 등에 무리가 갈 수 있다.

인간은 오랜 시간 같은 자세를 유지하면 혈액의 흐름이 나빠져 뇌의 움직임이 둔해진다. 그렇기 때문에 집중력이 떨어지는 것은 당연한 일이다.

효율적으로 공부할 수 있다면 사실 자세는 큰 문제가 되지 않는다. 공부의 효율성을 높이기 위해서는 자신이 가장 편하다고 생각하는 자세를 취하면 된다. 그것이 자신이 가장 집중할 수 있는 자신만의 공부 스타일이 되는 것이다.

단, 엎드려서 책을 읽으면 자신의 생각을 메모하는 등의 일을 하기 어렵다. 또한 이것은 몸을 쉽게 지치게 하고 허리 통증의 원인이 되기도 한다. 공부하는 분야에 따라 적절한 자세를 취하면서 공부해보자.

하품이나 기지개도 공부에 도움이 된다

하품은 머리를 맑게 하고 정신을 더욱 집중하겠다는 뜻으로 몸이 보내는 신호이다. 게을러서가 아니라 열심히 공부하려고 하품을 하는 것이란 뜻이다. 그러므로 하품을 무리하게 참으면 오히려 집중력이 떨어진다.

하품의 메커니즘은 다음과 같다. 하품은 일종의 심호흡으로, 뇌에 산소를 공급한다. 게다가 근육도 강하게 잡아당겨준다. 근육이 이렇게 긴장하면 뇌에 신호가 가고, 이 신호에 의해 뇌가 자극을 받아서 일시적으로 멍해졌던 머리가 다시 맑아진다. 다

집중력을 지속시키는 법

① 공부에 속도가 붙었을 때 몸과 마음의 긴장을 풀어준다.

② 편한 자세로 몸에 무리가 가는 것을 최소화한다.

③ 기지개나 하품으로 활력을 되찾는다.

시 말해 하품은 멍해지기 시작한 머리에 기합을 넣기 위한 무의식적인 노력인 것이다.

그러므로 공부 중에 하품이 하고 싶어진다면 마음대로 최대한 크게 하자. 하품으로 인해 멍해지기 시작했던 머리가 다시 맑아지고 집중력도 되돌아온다.

기지개도 이와 같은 역할을 한다. 기지개를 폄으로써 근육을 긴장시키게 되고 뇌에 자극을 주게 된다. 머리가 멍해져서 집중력이 떨어졌다고 생각한다면 한번 크게 기지개를 펴거나 심호흡을 해보자. 이것만으로도 집중력이 돌아올 것이다.

07

집중할 수 있는 공부 환경을
만드는 조건

집중할 수 있는 환경은 개인마다 다르다

　어떤 사람이 공부법 책에 "공부방은 깨끗하게 정리해야 한다"라고 적혀 있는 것을 보고 공부를 시작하기 전에 책상과 방을 정리했다. 그는 이제 좀 더 공부의 능률이 오를 것이라고 생각했으나 의외로 집중할 수 없었다고 한다. 이는 그 사람이 집중할 수 없을 정도로 산만하기 때문이 아니다. 단지 사람에 따라 '집중할 수 있는 환경'이 다르기 때문이다.

　잘 정리된 책상과 환경에서 공부가 잘 되는 사람이 있는가 하면, 오히려 어수선한 장소에서 더 집중을 잘하는 사람도 있다. 예를 들면 아무도 깨어 있지 않은 한밤중에 혼자서 공부하는 사람도 있고, 반대로 시끌시끌한 거리의 카페에서 공부가 더 잘 된다는 사람도 있는 것처럼 말이다.

'집중할 수 있는 환경'에 절대적인 법칙은 없다. 사람마다 공부하는 습관, 스타일 등이 각기 다르므로 무리하게 세상의 상식에 맞출 필요는 없다.

깨끗하게 정리된 방이라도 그곳에서 집중할 수 없다면 장소를 옮기는 편이 좋다. 혹은 자신이 집중할 수 있는 환경으로 만들면 된다. 자신에게 맞는 환경을 찾는 일은 시행착오를 거듭하면서 스스로 경험으로 찾을 수밖에 없다.

자기 집 공부방보다 도서관에서 더 집중할 수 있다면 도서관을 주된 공부 장소로 삼으면 되고, 좋아하는 포스터가 있어야 의욕이 생긴다면 그것을 붙이면 그만이다. 이것저것 시험해보면서 당신에게 최적인 공부 환경을 찾길 바란다.

시끄러운 장소일수록 집중력이 더 높아진다

앞에서 조용하고 깨끗한 환경이라고 해서 반드시 집중할 수 있는 것은 아니라고 말했다. 그렇다면 그 이유는 무엇일까?

조용한 환경에서도 집중할 수 없는 데에는 이유가 있다. 조용한 환경에서는 아주 작은 소리에도 민감해져서 큰 자극을 받게 된다. 다른 소리들과 섞여 있을 때는 전혀 신경 쓰이지 않을 작은 소음이 조용한 환경에서는 매우 신경을 거슬리게 한다.

조용한 환경에서는 작은 말소리에도 무의식적으로 귀를 쫑긋 세우게 되어 산만해지기 쉽다. 그러므로 사람들은 오히려 잡음이 있는 곳에서 더 쉽게 집중할 수가 있는 것이다.

주변이 시끄러우면 누군가의 말소리가 들려도 다른 소음과 함께 섞여버리기 때문에 전혀 신경 쓰이지 않는다. 사람이 붐비는 곳에서는 다른 사람이 떠드는 소리도 그저 잡음의 하나일 뿐이므로 귀에 들어오지 않게 되는 것이다.

또 하나 이렇게 잡음이 신경 쓰이지 않는 이유는, 그것이 자신과는 관계없는 일이기 때문이다. 아주 작은 소리라도 어디선가 자신의 이야기가 들려오면 자신도 모르는 사이에 귀를 기울이게 되지만, 자신의 이야기가 아닐 때에는 전혀 귀에 들어오지 않는다. 아니 오히려 다른 일에 집중할 수 있게 만든다.

이제 공부방 이외에도 당신이 공부할 수 있는 장소가 많다는 사실을 깨달았을 것이다. 출퇴근길 지하철은 물론, 공원의 벤치나 심야의 패스트푸드점, 카페 등 모든 곳이 당신의 공부 장소가 될 수 있다. 굳이 그런 곳에서 공부하지 않더라도 적어도 '그렇게 시끄러운 곳에서는 공부할 수 없다'는 생각은 버릴 수 있을 것이다.

잡음이 있어도 그것이 신경 쓰이지 않는다면 그곳이 바로 당신이 집중할 수 있는 공부 장소인 것이다.

　학생들이 음악을 들으면서 공부한다고 하면 부모님이나 선생님은 인상을 찌푸린다. '다른 일을 하면서 공부가 잘 될 리 없다'고 생각하기 때문인데, 음악을 듣는 것이 무조건 나쁜 것은 아니다. 가볍게 음악을 틀어놓는 것은 오히려 집중력을 높여줄 수 있다.

　예를 들어 집중력이 떨어졌을 때 음악을 틀면 두뇌가 활성화되기 때문에 집중력이 되살아나 의외로 공부의 효율성이 높아진다. 생리학에서도 음악이 두뇌 활성화에 도움이 된다는 것을 여러 실험으로 증명하고 있다.

　음악은 인간의 중추 신경으로 들어가 대뇌, 특히 우뇌를 자극한다. 이렇게 뇌 전체에 활력을 주기 때문에 머리의 움직임이 좋아진다. 이런 음악의 장점을 일찌감치 깨달은 사람들은 사원들의 업무 능률을 높이기 위해서 근무 시간에 음악을 틀어놓는다. 또 운동선수들은 연습에 집중하기 위하여 음악을 듣기도 한다.

　단, 음악을 선택할 때에는 주의할 점이 있다. 기본적으로 자신이 좋아하는 음악이라면 클래식이든 재즈든 가요든 상관없지만, 중요한 것은 기분을 우울하게 만드는 음악은 듣지 않는 것이 좋다. 이런 음악을 듣고 있으면 마음이 답답해져서 오히려 공부가 되지 않는다.

또 음악을 너무 크게 틀면 그 음악에 몰두하게 되어 집중력이 흐트러지는 경우도 생긴다. 이러면 공부에 집중할 수가 없으므로 소리는 가능한 작게 한다.

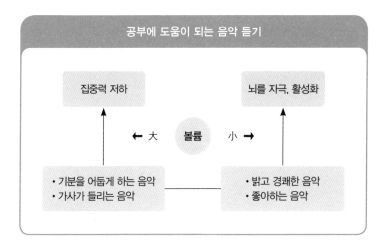

공부에 집중하지 못하는 사람을 위한 비법

유혹을 공부에 대한 의욕을 높이는 데 활용하라

유혹의 속성을 상으로 활용하면 공부에 대한 의욕을 높일 수 있다.

산만할 때는 이미지 트레이닝 기법을 사용하라

목표한 바를 이룬 후 성공한 모습을 상상하면 지금의 공부가 그리 괴롭지만은 않게 느껴질 것이다.

똑똑한 식사법이 공부 의욕을 불러일으킨다

교근을 많이 움직일 수 있는 음식을 먹는 것이 뇌에 더 많은 자극을 주어 두뇌를 활성화시킨다.

 집중력을 되찾는 테크닉

의욕이 생기지 않을 때에는 잠시 휴식을 취하라

효율적인 공부를 위하여 의욕이 생기지 않을 때는 워밍업을 하는 시간을 갖자.

목표를 설정하면 뇌는 풀가동 모드가 된다

스스로에게 마감을 정해주면 집중력을 최대한 끌어올릴 수 있다.

 공부 효율을 두 배로 높이는 방법

집중했다면 머리를 잠시 쉬게 하라

① 집중해서 공부에 에너지를 다 쓴다.
② 즐겁게 놀면서 머리를 비운다.
③ 다시 공부에 집중한다.

지칠수록 활발하게 움직여라

그냥 앉아서 쉬는 것보다 몸을 움직이면서 휴식을 취하는 것이 피로
회복에 더 좋다.

공부의 효율성을 높여주는 휴식 타이밍

가장 효율적인 공부와 휴식 배분은 20분 집중, 10분 휴식이다.

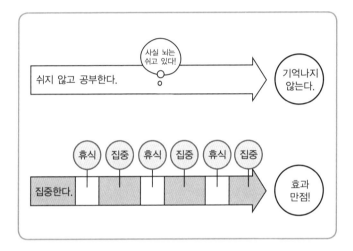

 뇌의 활력을 되살리는 비결

웃음으로 지친 뇌를 활성화시켜라

효율이 떨어졌을 땐 웃음을 유발하는 만담이나 만화 등을 통해 지친
두뇌를 활성화시키는 것이 좋다.

산책으로 의욕을 되찾아라

넓적다리에 있는 대퇴근을 움직이면 뇌가 자극을 받아 활성화되므로,
산책이나 가벼운 조깅 역시 공부에 큰 도움이 된다.

뇌에 쌓인 피로를 푸는 효과적인 숙면 시간

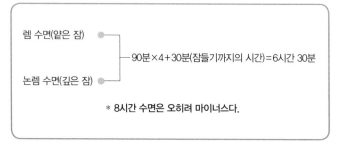

렘 수면(얕은 잠)

논렘 수면(깊은 잠)

90분×4+30분(잠들기까지의 시간)=6시간 30분

* 8시간 수면은 오히려 마이너스다.

 5 집중력을 강화시키는 법

사고력이 두 배가 되는 메모의 기술

① 메모는 어떤 것을 떠오르게 해준다.
② 메모는 더욱 깊이 생각할 수 있게 해준다.
③ 메모는 집중력 향상에 도움을 준다.
④ 메모는 새로운 깨달음을 얻게 해준다.

공부가 좋아지도록 의미를 부여하라

좋아하는 일일수록 집중도가 높아지므로, 자신이 하고자 하는 공부에서
좋아할 수 있는 요소를 찾도록 노력한다.

6 장시간 집중하는 방법

공부에 속도가 붙었을 때 휴식을 취하라

목표한 만큼의 공부 분량을 마무리하기 전 휴식을 취했다가 다시 집중하면, 익숙한 내용 때문에 더 쉽게 두뇌가 풀가동된다.

바른 자세보다 편한 자세가 중요하다

공부의 효율성을 높이기 위해서는 자신이 가장 편하다고 생각하는 자세로 공부하는 것이 좋다.

하품이나 기지개도 공부에 도움이 된다

하품이나 기지개는 뇌에 산소를 공급해주고 근육을 긴장시켜 뇌에 자극을 주므로 집중력 향상에 효과적이다.

7 집중할 수 있는 공부 환경을 만드는 조건

집중할 수 있는 환경은 개인마다 다르다

자신에게 맞는 공부 환경은 각기 다르므로 시행착오를 거듭하면서 스스로 경험으로 찾을 수밖에 없다.

시끄러운 장소일수록 집중력이 더 높아진다

주변이 시끄러우면 오히려 소음에 둔감해져 집중력이 높아진다.

음악은 공부의 효율성을 높여준다

음악은 인간의 대뇌, 특히 우뇌를 자극하므로 뇌 전체에 활력을 주고, 머리의 움직임을 좋게 만드는 역할을 한다.

바쁜 직장인에게 공부 시간을 확보하는 일은 골치 아픈 문제이다. 하지만 공부는 얼마나 오래했느냐가 중요한 것이 아니라 짧은 시간 안에 얼마나 효율적으로 했느냐가 중요하다. 제대로 된 계획을 세우고 이를 효과적으로 실천한다면, 짧은 시간 안에도 성과를 올릴 수 있다.

chapter 3

바쁜 사람을 위한
시간 관리법 · 활용법

01

바쁜 사람이 공부 시간을
만드는 방법

시간이 부족할수록 효율을 따져 공부하라

어떤 일에 대해서 다른 사람들보다 뛰어난 활약을 보인다거나 남들이 놀랄 만큼 오랫동안 한 가지 일에 몰두해서 목표한 것을 이루고 나면 누구나 다른 사람에게 자랑하고 싶어진다. 그래서 10시간 내리 술을 마셨다든가, 24시간 내리 일을 했다든가 하는 등의 무용담을 늘어놓곤 하는 것이다. 그러나 공부에 관해서만은 이런 무용담이 자랑거리가 되지 못한다.

예를 들어 어떤 사람이 실제로 5시간 내리 공부를 했다고 하자. 과연 그 사람이 5시간 분량의 성과를 올렸을까?

공부는 시작한 지 1시간 정도만 지나면 차츰 집중력이 떨어지며, 5시간 정도가 되면 그저 타성으로 공부하게 되어 아무런 효과를 보지 못한다. 5시간 동안 공부를 하려면 이를 다섯 번 정도로 나누는 것이 더 효율적이다. 5일 동안 5시간 공부를 할 계획이라면, 하루에 몰아서 5시간을 하는 것이 아니라 매일 1시간씩하는 것이다.

만약 하루 1시간으로는 부족하며 반드시 하루에 5시간을 해야하는 경우라면, 제2장의 「공부의 효율성을 높여주는 휴식 타이밍」에서 설명한 것처럼, 20분에 한 번씩 적어도 10분 정도는 쉬어주자. 아무리 적어도 1시간마다 한 번씩은 쉬는 것이 훨씬 효과적이다.

중간중간에 휴식을 하면 흐트러졌던 집중력과 의욕이 되살아난다. 또한 지속적으로 높은 수준의 집중력과 의욕을 유지할 수

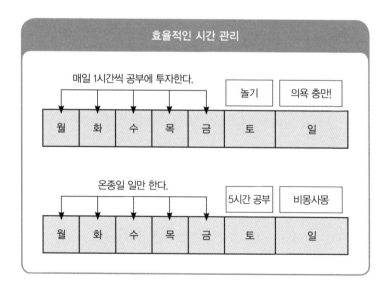

있기 때문에 마냥 억지로 공부할 때보다도 훨씬 많은 것을 얻을 수 있다.

무작정 오랜 시간을 투자해서 공부하는 것은 오히려 시간 낭비일 뿐이다. 시간이 부족할수록 더욱더 효율적인 공부를 할 필요가 있다.

야근은 공부의 최대 적이다

사람은 라이프스타일에 따라 아침형 인간과 저녁형 인간으로 나눌 수 있다. 이는 공부를 할 때도 마찬가지다. 공부하는 습관에도 아침형과 저녁형의 두 가지 유형이 있다.

지금부터 이야기하려고 하는 것은 이 저녁형 인간(공부에 한해서)에 대한 것이다. 직장인의 경우에는 원하든 원하지 않든 자연스럽게 저녁형 인간이 될 수밖에 없다. 이렇게 저녁에 공부하는 사람들에게는 약간의 문제가 있다.

퇴근 이후의 시간은 나만의 시간이므로 마음껏 공부할 수 있을 것 같지만, 비즈니스의 세계가 그리 만만하지는 않다는 사실을 이미 다들 알 것이다. 10시, 11시까지 야근을 하다 보면 12시가 다 되어서야 집에 도착하는 경우가 발생할 수도 있고, 12시가 넘어 집에 도착해서 그때부터 씻고 정리를 하다 보면 이미 공부할 마음은 사라져버린다. 게다가 다음 날 출근을 위해선 어느 정도 휴식을 취해야 하기 때문에, 결국 회사의 업무에 쫓겨 공부할 시간을 찾기가 힘들다고 생각할 것이다. 그렇다면 저녁형 직장인은 어떻게 하면 좋을까?

저녁 시간에 공부를 하겠다고 마음먹었다면 반드시 퇴근 이후의 시간에 남은 업무를 처리해야 한다고 생각하지 말아야 한다. 즉, 그날 못다 한 일이 있으면 다음 날 조금 일찍 출근해서 마무리하는 습관을 들인다. 이렇게 생각하고 퇴근 후 곧장 집으로 돌아오면 8시 정도에는 집에 도착할 수 있다. 집에 도착한 후 씻고 저녁 식사를 한 다음 공부를 시작해보자. 잠들기 전까지 3~4시간은 충분히 공부할 수 있다. 그리고 다음 날에는 일찍 출근해서 남은 일을 해치우는 것이다.

대체로 야근을 하면 시간이 많은 것 같아서 자신도 모르는 사

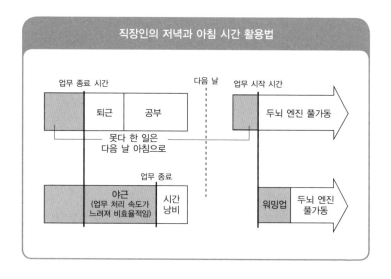

직장인의 저녁과 아침 시간 활용법

업무 종료 시간 | 다음 날 | 업무 시작 시간
퇴근 | 공부 | 두뇌 엔진 풀가동
못다 한 일은 다음 날 아침으로

업무 종료
야근 (업무 처리 속도가 느려져 비효율적임) | 시간 낭비 | 워밍업 | 두뇌 엔진 풀가동

이에 긴장의 끈을 놓게 된다. 그렇게 되면 일도 효율적으로 하지 못하며 공부할 기회마저 놓치게 된다.

하지만 아침에 남은 업무를 처리하면 이야기가 달라진다. 정식 업무 시작 시간까지는 끝내야 하기 때문에 일을 재빠르게 처리하게 된다. 밤에 공부해야 하는 직장인이라면 남은 업무는 아침 일찍, 공부는 여유롭게 저녁 시간을 활용해보자.

의미 없는 밤샘보다 새벽 30분을 활용하라

밤을 새워 공부해본 경험이 있는 사람은 알 것이다. 그것이 얼마나 비효율적인지를 말이다.

새벽 3~4시가 되면 머리가 멍해지고 문득 의식이 엉뚱한 곳에 가 있기도 한다. 필사적으로 눈을 뜨고는 있지만 그저 눈으로 글자를 좇고 있을 뿐인 상태가 되는 것이다.

야간작업에 대한 어떤 연구 결과를 보면, 새벽 4시부터 6시까지의 작업 능률은 제로에 가깝다고 한다. 즉, 밤샘 작업은 전혀 의미가 없다는 말이다. 밤샘 작업을 하는 것보다는 일단 잠을 조금이라도 자고 다음 날 아침 일찍 일어나 공부를 하는 편이 훨씬 효율적이다.

조금이라도 잠을 자면 머리가 맑아진다. 이렇게 최상의 컨디션을 만든 후 아침에 30분 정도 공부를 하면, 새벽 4시에서 6시까지의 2시간 정도는 너끈히 보충할 수 있다.

단 2시간이라도 좋으니 일단 잠을 잔 다음에 공부하는 편이 결과적으로 훨씬 많은 내용을 흡수할 수 있다. 또한 밤을 새워 공부를 한 다음 날에는 일이나 공부를 제대로 할 수도 없으므로 이 역시 비효율적인 일이다.

밤샘 작업을 통해서 우리가 얻을 수 있는 것은 자기만족뿐임을 명심하고, 최소한의 시간 투자로 최고의 효과를 얻을 수 있는 방법을 모색해보자.

02
바쁜 직장인을 위한
공부 계획법

일주일 단위로 공부 목표를 세워라

현재 토익 점수가 650점인 사람이 1년 후에 750점을 받으려 한다면, '3개월 후에는 여기까지 하고 반년 후에는 여기까지'와 같은 식으로 자신에게 공부에 대한 목표량을 부과하는 형식으로 계획을 세우는 것이 좋다. 물론 최종 목표까지의 계획은 대략적으로 세워도 괜찮지만, 실제로 공부를 시작하면 조금 더 단기적인 목표를 설정해야 더 쉽게 공부할 수 있다.

직장인들은 그 기간을 일주일 단위로 세우는 것이 적절하다. 예를 들어 '이번 달에는 이 참고서를 모두 끝낸다'라는 식으로 계획을 세웠다고 하자. 한 달은 꽤 긴 시간이기 때문에 도중에 나태해질 수도 있으며, 스스로 속도를 조절하기가 쉽지 않다. 하지만 '이번 주에는 이 참고서의 ○○쪽까지 끝낸다'와 같은 목표라면, 하루의 목표량도 계산하기 쉽고 목표량이 눈앞에 보이므로 공부에 대한 의욕도 더 커진다.

일주일 단위의 목표량이라면 그렇게 방대한 분량은 아니기 때문에 설령 계획대로 실천하지 못했다 하더라도 주말에 조금 더 열심히 하면 못다 한 부분을 채울 수 있다. 수험생과 달리 직장인은 하루에 확보할 수 있는 공부 시간이 한정되어 있기 때문에, 하루 단위의 계획은 세우기 어렵다. 그렇다고 해서 한 달 단위로 계획을 세우면, 학창 시절에 방학 숙제를 할 때처럼 다 끝내지 못한 목표량을 마지막 사흘을 꼬박 밤을 새워가며 해야 하는 상황에 처할 수밖에 없다.

이러한 목표를 성공적으로 실천하는 비결은 목표량을 너무 무리하게 설정하지 않는 데 있다. 특히 학교를 졸업한 후, 정말 오랜만에 공부를 다시 시작하는 사람이라면 우선 공부와 친숙해질

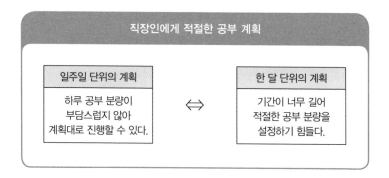

필요가 있다.

만약 당신이 직장인이라면 일과 공부의 두 마리 토끼를 잡는 비결과 자투리 시간을 활용하는 노하우를 터득해두는 것이 좋다. 이런 부분을 조금씩 습득한 다음에야 비로소 공부가 정상 궤도에 오를 수 있다. 그때까지는 목표량도 적당히 설정하고, 서두르거나 무리하지 않도록 노력한다.

월요일 휴가를 활용하라

한꺼번에 많은 시간을 공부에 할애하고 싶다면 월요일에 휴가를 내는 방법을 써보는 것도 좋다. 월요일에 유급 휴가를 내면 실질적으로 금요일 밤부터 토요일, 일요일, 월요일까지 사흘 이상을 공부하는 데 쓸 수 있다. 이 정도의 시간이면 상당히 많은 공부를 할 수 있다.

항상 월요일에 휴가를 내면 일 년에 몇 차례씩 한꺼번에 많은 공부 시간을 만들 수 있다는 계산이 나온다. 또 월요일에 휴가를 얻으면 집이 아닌 다른 곳, 즉 좀 더 효율적으로 공부할 수 있는 곳을 찾아 나설 수도 있다.

여유로운 시간을 활용해서 공부에 집중할 수 있는 나만의 노하우를 만들어보자. 이러한 시간이 쌓이고 공부의 양이 누적된다면, 자신의 목표에 다가가는 시간이 단축될 것이다.

03
목표 달성이 가까워지는
공부 습관

작은 목표부터 차근차근 실천해간다

경영자 중에는 "다음 세기의 한국을 전망하며"라든가 "100년 대계로 만사를 생각한다"는 말을 자주 하는 사람이 있다. 이들은 경영자의 위치에 있기 때문에 앞을 내다볼 때 좀 더 멀리, 크게 계획을 세워야겠지만, 공부 목표를 세울 때에는 이런 경영자를 흉내 내지 않는 편이 좋다.

예를 들어 "좋았어, 양자역학을 해치워주지"라든가 "프랑스어 회화를 능숙하게 할 정도로 공부해주겠어"와 같이 큰 목표를 세우는 것은 좋다. 하지만 목표가 너무 크면 공부에 대한 의욕이 줄어들기 쉽다.

목표를 지나치게 높게 설정하면 자신의 능력이나 환경의 여건이 뒷받침되지 않았을 때 실패할 확률이 높아지며, 좌절감을 맛볼 수 있게 된다. 산도 오르기 전에 '아, 이렇게 높은 산을 어떻게 올라가야 하나'라는 생각이 미리 들어 오르기 전부터 기력이 빠지는 것과 마찬가지다. 높은 산의 정상을 최종 목표로 설정했더라도 먼저 가까이 보이는 어디쯤을 목표로 잡고 올라가보자. 처음부터 정상을 바라보며 오른다면 중턱에 닿기도 전에 숨이 차서 포기해버릴 수도 있다.

첫 목표는 작을수록 좋다. 누구라도 쉽게 이룰 수 있는 작은 목표부터 이뤄가면서 오르다 보면, 마음도 가벼워지고 즐겁게 정상에 오를 수 있다. 먼저 작은 목표에 다다른 후에 하나씩 그 다음 목표를 설정하자.

공부도 이와 마찬가지다. 목표를 크게 내걸었다고 해도 이를 실천으로 옮길 때에는 다시 작은 목표를 설정한다. "우선 중학교 수준의 과학을 다시 한번 이해하도록 하자"라든가 "프랑스어 노래를 한 곡 암기해보자" 등의 목표를 세우면 적어도 시작부터 의욕이 꺾이는 일은 없다.

시험공부를 할 때도 처음부터 "이 문제집 한 권을 빨리 끝내자"라는 식의 목표보다는 "1장을 먼저 끝내자"라고 생각하는 편이 마음도 편해지고, 결과적으로 한 권을 더 빨리, 효율적으로 끝낼 수 있는 법이다.

공부는 습관이 중요하다

어느 날 갑자기 '내일부터 공부를 시작하자'라고 결심하고 4~5시간씩 무리하게 공부 계획을 세우는 사람들이 있다. 무리한 계획이기 때문에 당연히 오래가지 않는다. 하루 만에 좌절하는 경우도 있다.

자신의 재량을 파악한 다음 계획을 세울 수 있는 학생의 경우라면 괜찮지만, 낮에는 일을 해야 하는 바쁜 직장인은 학생들처럼 하루 종일 공부만 할 수도 없다. 직장인에게 무리한 공부 계획은 현실과 타협점을 찾을 수 없는 신기루일 뿐이다.

우선은 공부하는 습관을 몸에 배게 하는 것부터 시작하자. 이를 위해서는 '매일 공부를 30분씩 한다'는 식으로 목표를 세운다. 이때 가장 중요한 것은 매일매일 공부하는 것이다. '오늘은 못하지만 내일 1시간 하면 괜찮다'라고 생각해서는 절대 안 된다. 아무리 술에 취해 들어와도, 일이 바빠도, 30분은 고정적으로 시

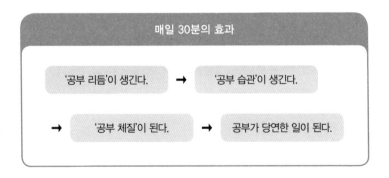

간을 내서 공부해보자. 그렇게 매일 공부하는 습관을 들이고 나면 나중에는 공부를 하지 않을 수 없게 된다. 이렇게 공부하는 습관을 들이고 나서 공부 시간을 1시간, 2시간으로 차차 늘리면 된다.

공부가 전혀 손에 잡히지 않는다면 우선 매일 30분씩만 꾸준히 해보자.

04
똑똑한 아침 시간
활용법

아침에 신문을 읽지 말라

많은 사람들이 아침 시간을 신문 읽는 시간으로 활용한다. 매일 아침 신문을 읽는 데 30분 혹은 1시간 이상을 투자하는데, 이는 바쁜 시간을 쪼개어 공부하는 사람들에게는 그리 현명한 습관이라 할 수 없다.

아침 시간은 두뇌가 가장 맑은 시간대다. 밤에는 이해하지 못했던 내용을 잠을 자고 일어나서 맑아진 머리로 생각해보면 쉽게 알 수 있었던 경험은 누구나 있을 것이다. 그런 귀중한 시간을 신문 읽는 데 허비한다는 것은 너무나 안타까운 일이다. 만약 공부를 하겠다고 마음먹었다면 아침 시간을 공부에 쓰는 편이 훨씬 낫다.

유명한 사회학자 막스 베버Max Weber도 아침 시간에는 절대 신문을 읽지 않았다고 한다. 달리 해야 할 공부가 산처럼 쌓여 있었던 베버의 입장에서 보면 귀중한 아침 시간을 신문 읽는 데 쓸 수는 없었을 것이다.

신문을 읽는 일은 머리가 조금 멍한 상태에서도 가능하다. 머리가 가장 맑은 시간인 아침에는 간단하게 암기를 한다거나, 도저히 이해하기 어려웠던 문제들을 풀어보자. 그리고 피곤하거나 두뇌 회전이 둔감해지는 시간에 짬짬이 신문을 읽자. 요즘은 인터넷 신문이나 길거리에서 나눠주는 신문 등을 통해 기사를 쉽게 접할 수 있을 뿐만 아니라, 기사 제목만 훑어봐도 대부분의 사건은 짐작할 수 있다.

아침 시간에 아무리 신문이 읽고 싶더라도 꾹 참고 공부해보자. 공부를 통해 사회나 인간에 대한 고찰이 깊어지면 그때에는 더욱 넓은 시야로 신문을 읽을 수 있다.

아침 식사 후엔 공부 효과가 반감된다

직장인이나 수험생 중에는 아침에 공부하는 아침형 인간이 많다. 분명히 아침 일찍 일어나 책상 앞에 앉으면 머리가 맑기 때문에 집중해서 공부할 수 있다. 그러나 이때 주의할 점이 하나 있다. 공부하기 전에는 밥을 먹지 말아야 한다는 것이다.

공부를 하려면 에너지가 필요하다며 먼저 아침 식사부터 하는 사람들이 있는데, 이러한 행동은 아침 공부를 방해하는 것이다. 밥을 먹고 나면 부교감 신경이 일을 하기 시작한다. 휴식 신경인 부교감 신경이 일을 하면 집중력이 떨어지고 졸음이 쏟아진다. 맑았던 머리가 멍해지면 모처럼의 아침 공부도 그 효과가 반감되어버린다.

반대로 공부에 대한 의욕을 높이고 집중력을 향상시키는 것은 교감 신경이다. 이 교감 신경이 일하기 시작하는 것은 아침에 잠에서 깨면서부터이다. 아침 시간에 맑은 정신으로 교감 신경을 깨워 공부에 활용한다면, 두뇌는 최적의 상태를 유지하게 된다.

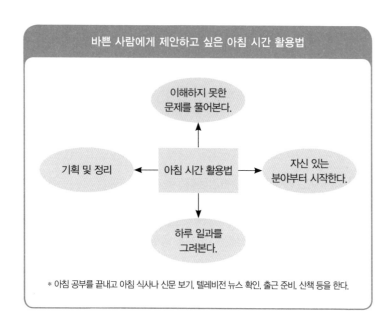

바쁜 사람에게 제안하고 싶은 아침 시간 활용법

이해하지 못한 문제를 풀어본다.

기획 및 정리 ← 아침 시간 활용법 → 자신 있는 분야부터 시작한다.

하루 일과를 그려본다.

* 아침 공부를 끝내고 아침 식사나 신문 보기, 텔레비전 뉴스 확인, 출근 준비, 산책 등을 한다.

일어나서 공부하기 전에는 차나 커피 정도만 마시는 것으로 위안을 삼자. 집중해서 공부를 하고 나면 밥맛이 더욱더 좋아질 것이다.

주말 늦잠은 공부의 적

매일 일을 하면서 공부를 하면 누구나 지치게 된다. 때문에 주 말에는 휴식을 취하며 재충전하는 것이 중요한데, 문제는 어떻게 쉬느냐이다.

단도직입적으로 말해서 주말에 잠을 푹 자면서 다음 주의 공 부와 일에 대비하는 것은 좋은 방법이 아니다. 실제로 주말에 잠 을 많이 자보면 알겠지만, 오히려 월요일에 너무 노곤해서 전날 에 잠을 많이 잔 것 같은 느낌이 들지 않는다. 이 '월요병' 상태는 생리학적으로 보면 지나치게 많은 수면이 초래한 당연한 결 과다.

일요일에 잠을 많이 자면 밤에는 눈이 말똥말똥해져 잠이 오 지 않는다. 본인은 잔다고 생각하지만 얕은 수면밖에 취하지 못 해 월요일 아침에는 머리가 멍해지게 되는 것이다.

또 잠을 많이 자면 수면 시간이 평소보다 앞당겨지게 되는데, 이렇게 되면 기분이 우울해진다. 우울한 기분으로 월요일을 맞 으면 일을 할 마음이 좀처럼 생기지 않고 더욱 공부하기 싫어진다. 그러므로 아무리 피곤하더라도 주말에는 많이 자지 않는 편이 좋다. 정 자고 싶다면 아침에는 평소대로 일어나고 나중에 잠시 낮잠을 자도록 하자. 낮잠으로도 부족한 수면은 충분히 해소할 수 있을 것이다.

남은 시간에는 산책이나 가벼운 운동 등을 하면서 기분 전환을 한다. 이렇게 하면 오히려 몸에 쌓인 피로가 풀리게 된다.

일요일에도 평소대로 일어나서 공부하는 것이 다음 주까지 좋은 컨디션을 유지하며 일과 공부를 병행할 수 있는 비결이다.

05

출퇴근
지하철 활용법

출근길 지하철에선 반드시 자리를 확보하라

출근길 지하철에서 공부하려면 반드시 자리를 차지하고 앉아야 한다. 사람이 많은 지하철에 서서 이리 밀리고 저리 밀려서는 책을 읽거나 공부를 할 수 없다. 그런 상황에서는 편안하게 생각조차 할 수 없기 때문에 이래서는 출근 시간을 완전히 버리게 된다. 피로와 사람들에게 밀려서 생긴 주름만이 남을 뿐이다.

지하철을 조금 더 기다려야 하더라도 공부를 하려면 반드시 자리에 앉아야 한다. 지하철을 좀 더 기다림으로써 더 많이 공부할 수 있다고 생각하면 된다. 주요 역만 통과하는 직행열차보다는 모든 역에서 정차하는 열차를 이용한다. 확실하게 좌석을 확

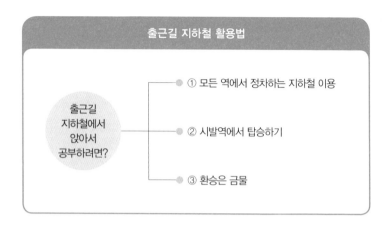

출근길 지하철 활용법

출근길
지하철에서
앉아서
공부하려면?

● ① 모든 역에서 정차하는 지하철 이용

● ② 시발역에서 탑승하기

● ③ 환승은 금물

보하기 위해서는 몇 정거장 전으로 거슬러 올라가는 방법도 괜찮다. 그렇게 하기 위해서는 조금 더 일찍 일어나야 한다. 귀중한 출근 시간에 공부하기 위해서는 아침 일찍 일어나는 것은 필수다.

또 되도록 환승을 피해야 한다. 환승하면 다시 처음부터 자리를 확보해야 하고, 생각이 끊기기도 한다. 환승을 하지 않음으로써 회사까지 조금 더 걸어야 하더라도 상관없다. 건강에도 좋고 걸으면서 그날의 업무 순서를 생각할 수도 있다.

지쳤다면 이동 중에 재충전하자

퇴근길 지하철 역시 둘도 없는 공부방임에 틀림없지만, 컨디션이 항상 좋을 수는 없다. 이런 때에는 무리해서 공부하지 말고 잠시 쉬는 것이 좋다. 컨디션이 좋지 않을 때는 오히려 머리가 멍해 있으므로 억지로 공부를 하더라도 도움이 되지 않는다.

학창 시절 수업 시간을 떠올려보자. 견딜 수 없이 졸음이 쏟아질 때 억지로 선생님의 말씀을 들으려고 해도 머릿속에는 거의 들어오지 않았을 것이다. 수업 중이라면 억지로라도 깨어 있어야 하겠지만, 지하철 안에서는 잔다고 한들 누구에게도 비난받을 일이 없다. 그러므로 지하철 안에서는 졸리면 차라리 얼른 자도록 하자. 지하철에 있는 시간을 재충전의 기회로 삼는 것이다.

이렇게 잠을 자서 에너지를 회복한다면 나중에 집에 돌아온 후에 더욱 열심히 공부할 수 있다.

지하철 안의 덜컹거리는 규칙적인 흔들림이 기분 좋게 잠을 불러줄 것이다. 이를 역이용하여 지하철에서 기분 좋게 잠을 자서 머리를 맑게 하고, 집에 돌아와서 시간을 효과적으로 쓰도록 하자.

바쁜 사람이 공부 시간을 만드는 방법

시간이 부족할수록 효율을 따져 공부하라

매일 1시간이 하루 5시간보다 더 효율적인 공부법이다.

야근은 공부의 최대 적이다

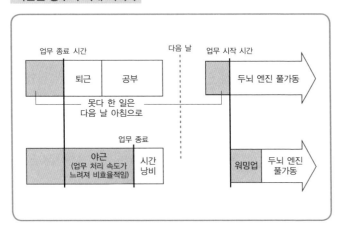

의미 없는 밤샘보다 새벽 30분을 활용하라

집중도가 떨어지는 밤샘보다 집중도 높은 새벽 30분이 공부에 더 효과
적이다.

 바쁜 직장인을 위한 공부 계획법

일주일 단위로 공부 목표를 세워라

목표량이 눈에 보이고 부담 없이 목표를 이룰 수 있는 일주일 단위의
계획을 세워라.

월요일 휴가를 활용하라

토요일, 일요일, 월요일의 3일을 확보하여 집중적으로 공부에 투자하면
효과는 배가된다.

 목표 달성이 가까워지는 공부 습관

작은 목표부터 차근차근 실천해간다

첫 목표는 쉽고 즐겁게 이룰 수 있어야 하므로 작을수록 좋다.

공부는 습관이 중요하다

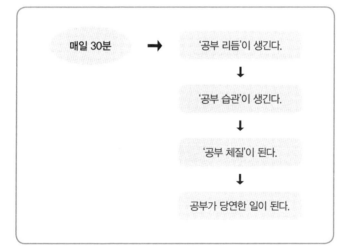

매일 30분 ➡ '공부 리듬'이 생긴다.

↓

'공부 습관'이 생긴다.

↓

'공부 체질'이 된다.

↓

공부가 당연한 일이 된다.

똑똑한 아침 시간 활용법

아침에 신문을 읽지 말라

아침 시간은 두뇌가 가장 맑은 시간대이므로 두뇌를 놀게 만드는 신문 읽기는 되도록 하지 않는다.

아침 식사 후엔 공부 효과가 반감된다

일단 식사 후엔 휴식 신경인 부교감 신경이 일을 하면서 집중력이 떨어지므로 아침 공부 후에 식사를 하는 습관을 들인다.

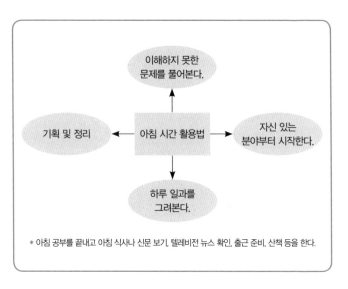

이해하지 못한 문제를 풀어본다.

기획 및 정리 ← 아침 시간 활용법 → 자신 있는 분야부터 시작한다.

하루 일과를 그려본다.

* 아침 공부를 끝내고 아침 식사나 신문 보기, 텔레비전 뉴스 확인, 출근 준비, 산책 등을 한다.

주말 늦잠은 공부의 적

주말에 잠을 많이 자게 되면 신체 리듬이 흐트러져서 다음 한 주에 무리가 오므로 적당히 몸을 움직이면서 휴식을 취하는 것이 좋다.

출퇴근 지하철 활용법

출근길 지하철에선 반드시 자리를 확보하라

출근 시간엔 조금 더 부지런히 움직여서 자리에 앉아서 짧은 시간이라도 집중적으로 공부를 하도록 한다.

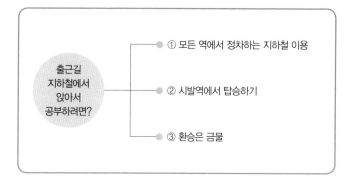

지쳤다면 이동 중에 재충전하자

컨디션이 좋지 않을 땐 무리해서 공부하지 말고 이동 시간을 휴식 시간으로 활용한다.

현명한 독자라면 '책은 지식의 보고'라는 사실을 잘 알고 있을 것이다. 하지만 대부분의 사람들이 "책을 읽을 시간이 없다", "좋은 책이 없다" 등등의 불만을 토로하곤 한다. 그렇다면 어떤 책을 어떻게 읽으면 좋을까? 이번 장에서는 효과적으로 책을 고르고 활용하는 방법에 대해 설명하도록 하겠다.

chapter *4*

똑똑한 사람의
정보 수집법 · 속독법

01

평상시 알아두면 더욱 효과적인
서점 이용법

단골 서점을 만들어두면 편하다

공부하는 사람에게 서점은 '정보의 집결지'라고 해도 과언이
아니다. 도서관에도 많은 책이 있긴 하지만 메모를 하거나 줄을
긋지는 못하기 때문에 공부하기에는 좋다고 할 수 없다. 공부하
는 사람은 책에 투자하는 것을 아까워해서는 안 된다. 그렇다면
서점은 어떻게 이용해야 할까?

효과적인 서점 이용 방법 중 하나는 집과 회사에서 가장 가까
운 역, 혹은 환승역 주변에 단골 서점을 만들어두는 것이다. 여
러 곳에 단골 서점을 만들면 자연스럽게 서점에 책이 어떻게 배
치되어 있는지를 파악할 수 있다. 또 서점에 따라서 중점적으로

취급하는 책 종류도 조금씩 다르기 때문에 목적에 따라 단골 서점을 구분해서 찾아갈 수도 있다.

출퇴근길에 지나치게 되는 서점에 어떤 책들이 있는지를 파악해두면 매일 잠깐씩이라도 들를 수 있다. 생각이 날 때마다 바로 가서 원하는 책을 손쉽게 살 수 있는 서점이 있다면 기분도 좋아지고 공부 능률도 오를 것이다.

번화가 주변에도 이런 서점을 몇 개 만들어두는 것이 좋다. 번화가는 업무상 들르는 일도 많고 친구와의 약속 장소로도 자주 이용되기 때문이다. 이럴 때 자투리 시간을 이용해서 역 주변 서점에 들어가 잠시 책을 보는 것도 시간을 효율적으로 사용하는 방법 중 하나이다.

놀라운 효과를 발휘하는 30분 서점 이용법

서점은 공부방으로도 활용할 수 있다. 서점에 들어가 선 채로 책을 읽는 것은 자신의 시야를 넓힐 수 있는 더없이 좋은 기회다. 서점에서 선 채로 책을 읽으면 자연스럽게 집중력이 높아진다. 아무 흥미가 없었던 분야의 책이라도 흥미를 느껴 열중해서 끝까지 읽어버리는 경우도 생긴다.

서서 읽어도 집중할 수 있는 이유는 '서 있다'라는 사실과 '제한된 시간 동안 재미있는 책, 도움이 될 만한 책을 찾자'는 의식이

① 단골 서점을 만들어 마음먹었을 때 바로 원하는 책을 찾는다.

② 각 서점의 특징과 내부의 도서 배치를 알아둔다.

③ 서점에서 책을 고를 때는 집중해서 서서 읽는 것이 의외의 효과를 볼 수 있다.

강하게 생기기 때문이다. 인간은 어려운 조건 하에서도 동기가 확실하면 집중할 수 있다. 어쨌든 서서 읽으면서 얻는 정보의 양은 결코 무시할 수 없다. 게다가 집중해서 읽기 때문에 머릿속에 더 잘 들어온다.

서점에서 공부와 관련된 책을 고를 때에는 진지하게 서서 읽어보자. 정말 좋은 책을 찾을 수 있는 것은 물론, 서점에서 30분 동안 서서 읽는 것은 집에서 1시간 동안 정독하는 것 못지않은 효과가 있다.

게다가 서점에는 실로 다양한 분야의 책이 존재한다. 지금까지 생소했던 여러 분야의 책을 훌훌 넘기다 보면 생각지도 못했던 지식을 얻을 수도 있다. 이런 과정을 통해 마음에 드는 책을 발견했다면 주저 말고 구입하자. 당신의 공부는 의외의 전개와 성과를 얻게 될 것이다.

02
현명한 사람의
도서 구입 철학

책을 살 때는 망설이지 말라

냄비나 양말 하나를 사는 데도 신중하게 고민하는 사람이 있다. 정말 필요한 물건인가, 좋은 물건인가 등등을 곰곰이 생각하게 되는데, 이는 물론 나쁜 일이 아니다. 단, 책을 살 때는 이렇게 심사숙고하지 말자.

공부를 시작하면 이것저것 필요한 책이 생긴다. 서점에 가면 '이것도 필요할지 몰라, 저것도 재미있을 것 같아'라며 마음이 끌리는 책이 몇 권이나 생긴다. 하지만 이때 '아니 잠깐만. 조금 더 생각한 다음에 사자'라고 생각해서는 공부가 늘지 않는다. 눈에 띌 때 사지 않으면 그 책과는 두 번 다시 만나지 못할 가능성이 높기 때문이다.

최근 출판계를 보면 한 권의 책이 오랫동안 같은 서점 책꽂이에 진열되는 경우는 거의 없다. 새로운 책이 속속 출판되기 때문에 몇 개월 지나면 대부분의 책은 서점 책꽂이에서 사라지는 운명에 처한다. 빠르면 한 달도 되지 않아 사라질 수도 있다.

마음에 드는 책이 눈에 띄었을 때 바로 사두면 '쌓아 놓는 책'이 늘겠지만, 그렇다고 산 책을 바로 읽을 필요는 없다. 공부방이나 서재에 두고 이따금 책 제목을 보는 것만으로도 모르는 사이에 시야가 넓어지는 법이다. 그리고 지식을 심화시키는 동안에 쌓아두었던 책이 진가를 발휘하게 되는 경우도 많다.

그날을 위해서라도 마음에 드는 책은 망설이지 말고 사두도록 하자. 자신에게 투자하는 것이라고 생각하면 책값 정도는 비싼 것이 아니다.

책은 한꺼번에 많이 구입하라

일본의 평론가 다치바나 다카시立花隆가 쓴 『지식의 소프트웨어知のソフトウエア』라는 책 중에 재미있는 내용이 있다. 책을 살 때는 '찔끔찔끔 돈을 쓰지 말고 한꺼번에 쓰는 것이 좋다'라는 것이다.

이유는 두 가지다. 하나는 우선 2만 원어치 책을 사려고 하는

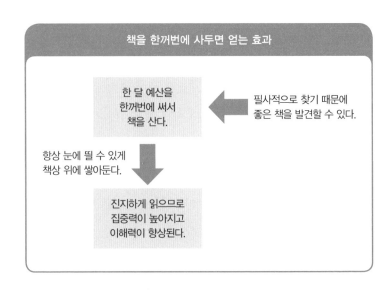

책을 한꺼번에 사두면 얻는 효과

한 달 예산을 한꺼번에 써서 책을 산다.

필사적으로 찾기 때문에 좋은 책을 발견할 수 있다.

항상 눈에 띌 수 있게 책상 위에 쌓아둔다.

진지하게 읽으므로 집중력이 높아지고 이해력이 향상된다.

경우와 20만 원어치 책을 사려고 할 때의 신중함이 다르기 때문이다. 진지한 마음가짐으로 책을 선택하면 그만큼 좋은 정보를 입수할 수 있다.

다른 하나는 한꺼번에 많은 돈을 쓰면 어떻게 해서든 본전을 뽑기 위해 더 열심히 책을 읽기 때문이다. 진지하게 선택하고 열심히 읽으면 집중력도 높아지고, 그 책의 내용은 확실하게 자기 것이 된다.

그렇다면 이렇게 대량으로 산 책은 어떻게 하면 좋을까. 다치바나는 이 책을 책상 위에 쌓아둔다고 한다. 책꽂이에 꽂으면 책꽂이를 장식하는 책이 될 뿐, 한 번도 그 책을 펼쳐 보지 않게 되기 때문이다. 하지만 눈앞에 쌓아두면 이것만큼은 반드시 읽어야 한다며 자신에게 압력을 줄 수가 있다.

03

입문서와 쉽게
친해지는 방법

입문서보다 관련 도서를 먼저 읽어라

스스로 어떤 주제를 정해서 공부하려고 할 때 대부분의 사람들은 먼저 입문서를 구입한다. 예를 들어 인터넷이라면 『인터넷 입문』이라는 제목의 책을 읽기 시작하는데, 이는 마치 공부의 왕도처럼 보이지만 꼭 그렇지만도 않다. 입문서라도 인터넷에 대해 전혀 모르는 사람이 보면 전문 용어나 기호가 너무 많아 이해할 수 없는 경우도 있다. 이는 컴퓨터 초보자가 컴퓨터 매뉴얼을 아무리 읽어도 잘 이해할 수 없는 것과 비슷하다.

입문서는 이미 그 주제에 대해 어느 정도 알고 있는 사람을 대상으로 쓰는 경우가 많다. 그래서 책 안에서 그 주제 자체에 대한 내용을 찾아볼 수 없기 때문에 초보자는 쉽게 내용을 이해하기 힘든 것이다.

어떤 분야에 문외한인 사람이 그 분야의 공부를 시작할 때에는 입문서를 읽기 전에 그 분야의 주변에 대해 쓴 관련 도서를 먼저 읽는 편이 더 좋다. 예를 들어 '환경'을 공부하려 한다면 입문서 전에 『지구촌의 대기 오염』이라든가 『대량 소비 사회의 미래』 등 그 분야에 대한 지식이 없어도 읽기 쉬운 책을 읽는다. 인터넷에 대해 공부한다면 『인터넷이 사회에 미친 영향』이라든가 『인간과 컴퓨터의 관계』 등과 같은 내용을 다룬 책을 읽어본다. 그렇게 하면 앞으로 공부할 주제와 자신과의 접점이 보인다. 어디에 주의해서 공부하면 좋은지, 특히 어떤 부분을 습득하고 싶은지 등과 같은 자신만의 관점이 생기는 것이다.

입문서는 이렇게 자신 안에서 그 주제에 대한 위치를 확실하게 만든 다음에 읽도록 한다. 그러면 어려운 전문 용어나 기호도 직접 알아내고픈 마음이 생기고, 도중에 포기하는 일도 없을 것이다.

성공적으로 입문서를 정복하는 법

공부하려는 분야의 주변을 폭넓게 둘러볼 수 있는 책을 읽었다면 이제 입문서를 읽을 차례다. 전문 서점에 가면 『○○ 입문』,

『초보 ○○』와 같은 입문서가 가득할 것이다.

먼저 서점에 진열되어 있는 책을 주의 깊게 살펴보고, 많은 사람들이 구매한 책이라면 내용을 슬쩍 보도록 하자. 만약 쉬울 것 같으면 망설이지 말고 사는 편이 좋다. 이외에도 서문과 저자 약력 등을 읽으면 책 내용을 어느 정도 상상할 수 있고, 차례와 색인이 얼마나 탄탄한지에 따라 그 책이 얼마나 보기 쉬운지도 알 수 있다. 덧붙여 발행연월일이나 몇 쇄인지를 보면 판매 상황도 짐작할 수 있다. 하지만 이렇게 자신과 가장 궁합이 맞는 입문서를 선택했다고 해서 끝나는 것은 아니다.

입문서는 2~3권 정도 읽는 편이 좋다. 입문서를 읽는다는 것은 당신이 그 분야에 대해 모르는 것이 많다는 의미다. 그런 사람이 단 한 권의 입문서만 읽고서 바로 중급자를 위한 전문서에 도전하는 것은 너무나도 무모한 행동이다. 운동을 할 때도 기본이 중요한 것처럼, 공부도 기본 중의 기본이 제일 중요하다. 기본을 완전히 익혀두기 위해서라도 입문서는 두세 권 정도 읽어야 한다.

또 계속해서 몇 권의 입문서를 읽는 것은 당신의 뇌를 그 분야에 익숙하게 만들기 위한 최적의 트레이닝이기도 하다. 물론 완전히 똑같은 내용의 입문서를 몇 번씩 읽는 것은 별 의미가 없다. 소문난 스테디셀러를 한 권 읽었다면 다음은 젊은 저자가 쓴 최신 입문서를 읽는다든가, 아니면 번역서를 읽는 등 성격이 조금 다른 책을 고른다.

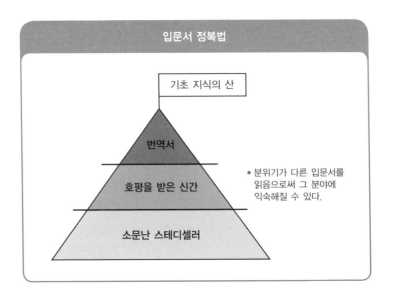

입문서 정복법

기초 지식의 산

번역서

호평을 받은 신간

* 분위기가 다른 입문서를
읽음으로써 그 분야에
익숙해질 수 있다.

소문난 스테디셀러

　같은 분야를 다룬 입문서라도 저자가 다르면 전혀 다른 관점에서 쓸 수 있기 때문에, 새로운 내용이 있는 경우도 적지 않다. 이런 사실을 깨달은 것만으로도 당신의 뇌는 확실한 준비 체조를 하였을 것이다.

04

즐겁게 책을
읽기 위한 노하우

재미없는 책은 과감히 덮어버려라

재미있을 것 같아 베스트셀러를 사왔는데 전혀 재미가 없다거나, 혹은 교양을 키우기 위한 필독서라서 한 번은 읽어두자며 시작은 했지만 너무 지루해서 중간에 포기한 경험이 누구나 한두 번쯤 있을 것이다.

그런데 어떤 사람은 재미가 없거나 지루한 이유가 자신의 독해력 부족에 있다고 생각하면서 무리를 해서라도 끝까지 읽으려 한다. 학생이라면 난해한 철학서를 억지로 읽으면서 차츰 자신의 실력으로 만들 수도 있다. 하지만 이는 시간이 많은 학생이기 때문에 가능한 이야기이다. 바쁜 직장인의 경우 재미없다는 생

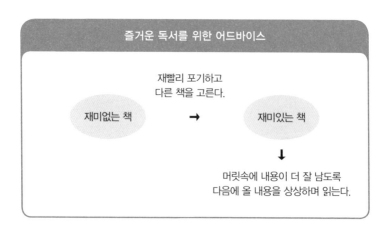

즐거운 독서를 위한 어드바이스

재미없는 책 → 재빨리 포기하고 다른 책을 고른다. → 재미있는 책

↓

머릿속에 내용이 더 잘 남도록
다음에 올 내용을 상상하며 읽는다.

각이 들면 그 책은 과감하게 포기하는 편이 좋다. 재미없는 책을 억지로 읽는 것은 시간 낭비일 뿐 아니라 스트레스를 받기 때문에 정신적으로도 좋지 않다.

처음엔 재미없다고 생각했던 책이 읽는 동안에 차츰 재미있어지는 경우는 그다지 많지 않다. 결국은 끝까지 따분할 것이 분명하니 무리할 필요가 없다. 애초에 재미없는 책이라는 것은 지금의 나와는 인연이 없는 책이라는 뜻이다. 많은 사람들이 재미있는 책이라고 해도 당신은 흥미를 느끼지 못할 수도 있다. 아니면 지금은 흥미가 없지만 앞으로 생길지도 모를 일이다.

재미없는 책은 일단 책꽂이에 다시 꽂아두면 그만이다. 그러니 책을 읽다가 재미없다는 생각이 들면 얼른 다른 책으로 바꾸자. 그렇게 하는 편이 스트레스도 줄이고 훨씬 더 시간을 효과적으로 사용하는 방법이다.

책의 내용을 자기 것으로 만드는 비결

같은 책을 읽어도 많은 내용을 흡수하는 사람이 있는가 하면 읽자마자 내용을 잊어버리는 사람도 있다. 이는 개인의 능력차라기보다는 책을 읽는 방법에 원인이 있는 경우가 많다.

책을 읽을 때 단순히 그 내용을 따라가기만 한다면 좀처럼 자기 것으로 만들지 못한다. 이렇게 수동적인 독서는 두뇌를 쓰지 않기 때문에 결과적으로 머릿속에 내용이 정착되지 않는다. 책에 적힌 내용을 자기 것으로 만들고 싶다면 다음 페이지에 무슨이야기가 적혀 있을지 예상하면서 읽어보는 것이 좋다. 저자 특유의 논리 전개 방식이라든가, 그 책에서 지금까지 쌓아 올린 가설 등을 토대로 다음 페이지에는 무슨 내용이 적혀 있을지를 예상해보는 것이다.

예상이라는 작업은 반드시 두뇌를 써야 한다. 어떤 광경을 떠올리거나 인과 관계를 생각하면 머리를 사용하게 되기 때문에 내용이 술술 머릿속으로 들어온다.

예상이 맞든 틀리든 상관없다. 예상이 들어맞으면 그 내용이 감쪽같이 머릿속에 자리 잡게 되고, 틀리면 무의식중에 왜 틀렸는지를 생각하게 되기 때문에 역시 내용이 머릿속에 더 쉽게 들어온다.

물론 이렇게 책을 읽기 위해서는 어느 정도 훈련이 필요하지만, 조금씩 연습하다 보면 한 번의 독서로 많은 지식을 얻게 될 것이다.

학창 시절 애독서는 반드시 다시 읽어라

서점이나 도서관에만 직장인에게 도움이 되는 책이 있는 것은 아니다. 자신의 책장 깊숙이, 혹은 더 이상 읽지 않는 책들이 아무렇게나 들어 있는 상자 안에도 재미있고 도움이 되는 책이 있다. 바로 학창 시절에 읽었던 책이다.

학창 시절에 읽었던 책은 업무에 도움도 안 되고 신선하지도 않다고 생각할지 모르지만, 꼭 그런 것만은 아니다. 실제로 다시 읽어보면 의외라는 생각이 들 정도로 신선하고 재미있는 책이 많다. 학창 시절에 읽으면서 다 이해했다고 생각했는데 사실은 상당히 이해가 얕았으며, 다시 읽으면서 비로소 그 책의 심오함을 알게 되는 경우도 많다.

게다가 학창 시절에 읽었던 책을 다시 읽는 것은 예전에 쌓아두었던 지식을 다시 한번 끄집어내는 작업이기도 하다. 학창 시절에 읽었던 책을 다시 읽음으로써 학창 시절에 쌓았던 지식이나 사고방식이 자신 안에서 되살아나고, 이는 공부하려는 사람에게 크나큰 무기가 된다.

또 상자 속에는 학창 시절에 읽다가 도중에 포기했던 고전이나 어떻게든 다 읽기는 했지만 그 진의를 파악하지 못했던 책도 있을 것이다. 그런 책도 지금껏 직장에서 경험을 쌓고 사회의 지혜를 배워온 '지금의 나'라면 술술 읽을 수 있을지도 모른다. 그리고 그것이 현재의 공부에도 도움이 될 것이다.

학창 시절에 읽었던 책, 혹은 난해하거나 지루해서 읽지 못했던 책은 다시 읽어볼 가치가 있다. 설령 실리적인 이점이 적더라도 '공부하자'라는 기분을 들게 해줄 수는 있을 것이다.

05
똑똑한 사람의
효율적인 독서법

단시간에 많은 책을 독파하라

한정된 시간 안에 책을 읽기 위해서는 속독 테크닉이 필요하다. '속독'이라고 하면 어쩐지 꾀를 부리는 것 같다고 생각하는 사람도 있지만, 대략적인 정보나 사고방식만 파악하면 되는 책이라면 정독할 필요가 없다. 그러므로 정독으로 읽어야 할 때와 속독으로 읽어야 할 때를 잘 구분하는 것이 요령 있게 책을 읽는 중요한 포인트다.

시간이 없을 때, 혹은 정독할 필요가 없다고 판단했을 때는 적극적으로 속독을 한다. 속독으로 절약한 시간에 다른 책을 읽거나 공부를 하는 것이 훨씬 낫다.

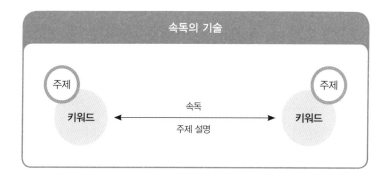

속독은 키워드를 찾아내는 것이 중요하다. 키워드란 그 책의 주제와 관련된 단어로, 예를 들어 제목이 『인터넷 거래』라면 '인터넷', '결제'라는 단어가, 소설이라면 주인공 이름이 키워드다. 이렇게 몇 개의 키워드를 찾아냈다면 이를 눈으로 좇는다. 그리고 키워드와 키워드를 연결하는 주제 설명을 재빨리 속독하면 대략적인 의미는 이해할 수 있다. 대체로 10줄 정도를 한 덩어리로 생각, 요점을 파악해가며 읽으면 될 것이다.

대부분의 책은 요점이 전체 분량의 20~30퍼센트를 차지하며, 나머지 70~80퍼센트는 이 요점을 설명하는 부분이다. 소설처럼 문장을 음미해야 하는 분야는 차치하고, 그렇지 않은 책은 논지를 파악하기만 하면 된다.

실용서처럼 소제목이 있는 책은 소제목만 따라 발췌해가며 읽어도 좋다. 보통 200쪽 정도 되는 책이라면 30분 안에 충분히 읽을 수 있을 것이다.

책을 읽을 때 따로 메모를 하는 사람이 많다. 잊어버리기 전에 요점이나 감상을 적어서 자기 것으로 만들겠다는 생각이겠지만, 결론부터 말하자면 책을 읽을 때는 메모를 하지 않고 읽는 편이 좋다.

독서를 할 때 중요한 것은 리듬이다. 저자의 리듬과 독자의 리듬이 하나가 될 때 비로소 책이 술술 읽히고 내용도 머릿속에 들어온다. 이해가 되지 않는다고 머릿속에 딴 생각만 가득한 채로 같은 문장을 몇 번이고 되뇌어서는 리듬을 탈 수가 없다. 흥이 나면 눈이 활자를 좇는 게 아니라 저절로 내용이 머리에 쏙쏙 들어온다.

그러나 일일이 메모를 하면 전혀 리듬을 탈 수가 없다. 리듬을 탔다가도 메모를 하면 다시 리듬이 깨진다. 원래의 리듬으로 돌아가려면 상당한 시간이 걸리고 결국 그 책을 읽기 싫어지기도 한다. 결국 활자만 읽은 겉핥기식 독서를 하게 될 뿐이다.

메모는 책을 다 읽은 다음에 해도 된다. 다 읽고 나서 하면 정말 중요한 내용만 메모할 수 있다. 필요한 부분은 포스트잇을 붙이거나 페이지 끝을 살짝 접어둔다. 밑줄을 긋는 사람도 많은데, 이 역시 가로로 선을 그으면 시간이 걸려 리듬이 무너져버린다. 예를 들어 중요한 내용이 세 줄이라면 한 줄 한 줄 모두 가로로 밑줄을 그을 것이 아니라, 그 세 줄 옆에 세로로 선 하나만 긋도

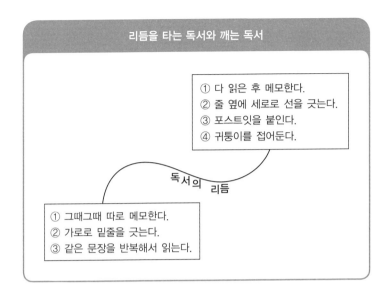

리듬을 타는 독서와 깨는 독서

① 다 읽은 후 메모한다.
② 줄 옆에 세로로 선을 긋는다.
③ 포스트잇을 붙인다.
④ 귀퉁이를 접어둔다.

독서의 리듬

① 그때그때 따로 메모한다.
② 가로로 밑줄을 긋는다.
③ 같은 문장을 반복해서 읽는다.

록 하자.

어쨌든 독서에서 제일 중요한 것은 리듬이다. 리듬을 살리기 위해서는 어쩔 수 없이 책 자체를 지저분하게 만들거나 망가뜨리게 되는 법이다.

—

06
알고 보면 간단한
전문서 활용법

전문 서점을 찾아나서자

대형 서점일수록 자신이 찾는 책이 있을 확률이 높다고 생각하기 쉽지만, 사실은 그렇지 않다. 베스트셀러가 산처럼 쌓여 있는 대형 서점도 공부에 필요한 전문서는 재고가 한정되어 있을 수 있다.

공부에 필요한 전문서를 살 때에는 그 분야를 전문적으로 다루는 서점에 가는 편이 훨씬 손쉽고 빠른 방법이다. 공부를 막 시작했을 때에는 전문서가 많다는 사실도, 또 그런 책을 전문적으로 판매하는 서점이 있다는 사실도 모르겠지만, 차츰 공부에 빠져들면 저도 모르는 사이에 전문 서점으로 발이 향하게 된다.

전문 서점에 대한 정보를 입수하고 싶은 초보자는 그 방면의 선배나 전문서를 발행하는 출판사에 문의해보자. 직장인들이 많이 밀집되어 있는 시내 중심가 서점에는 자기계발서나 마케팅, 경영 등에 관련된 도서들이 눈에 띄게 진열되어 있다. 또는 재판과 관련된 법률 전문 도서는 재판소 안에 있는 서점에서 구입한다든가, 학술 관련 도서는 학교 서점에서 구입하는 것이 좋다. 최근에는 여행서나 미술, 음악, 해외 도서 등의 전문 서적만 취급하는 서점들도 생겨나고 있다.

자신이 공부하고자 하는 분야의 전문 서적을 주로 판매하고 있는 서점들을 알아두고 필요할 때마다 방문해서 좋은 정보들을 얻도록 하자. 전문서를 취급하는 서점은 전문가가 많이 모이는 장소이기도 하다는 점도 덤으로 기억하자.

어려운 학술서는 후반부부터 읽어라

사람들은 책을 읽을 때 대부분 첫 페이지부터 읽는다. 하지만 처음부터 읽는 것에 너무 집착하면 좌절하게 되는 경우도 적지 않다. 특히 학술서는 더욱 그러하다. 사실 학술서는 책을 3등분 했을 때 마지막 부분이 되는 곳부터 읽는 편이 좋다. 시간이 절약될 뿐만 아니라 이해하기도 쉽다.

학술서를 보면 가장 중요한 부분은 대체로 후반부 3분의 1에

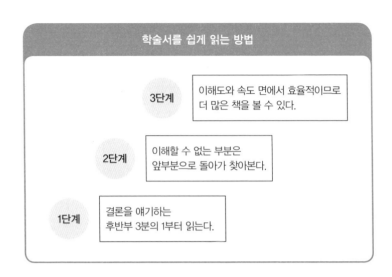

학술서를 쉽게 읽는 방법

3단계 이해도와 속도 면에서 효율적이므로 더 많은 책을 볼 수 있다.

2단계 이해할 수 없는 부분은 앞부분으로 돌아가 찾아본다.

1단계 결론을 얘기하는 후반부 3분의 1부터 읽는다.

적혀 있다. 논리 전개 과정이 중요시되는 학술서는 하나의 결론에 도달하기 위해 수많은 가설이나 증거를 쌓지 않으면 안 되기 때문이다. 다시 말해 전반부의 3분의 2는 후반부의 3분의 1을 이끌어내기 위한 기나긴 서론이라고 할 수 있다.

학생이라면 순서대로 읽어야 하겠지만, 일반 독자는 이런 저자의 형편이나 책의 관례를 따를 필요가 없다. 길고 긴 서문을 처음부터 읽고 있으면 쉽게 질리거나, 이야기가 어디로 가는지 모르게 되어 결과적으로는 그 책을 포기하게 된다. 그렇기 때문에 학술서는 후반부의 3분의 1부터 먼저 읽는 편이 좋다.

물론 후반부의 3분의 1부터 읽다 보면 앞부분을 읽지 않으면 이해가 안 가는 부분도 생길 수 있다. 그럴 때는 전반부의 3분의 2로 돌아가 이해를 돕는 부분을 찾는다. 이미 결론을 알기 때문에 쉽게 찾을 수 있다.

이렇게 후반부의 3분의 1을 다 읽으면 그 책을 대략적으로 파악하게 된다. 전반부의 3분의 2까지 필요에 따라 선택적으로 읽었다면 그 책을 거의 완전하게 이해했다고 해도 좋다.

이렇게 읽었을 때의 이해도와 읽는 속도는 책의 처음부터 차례대로 읽었을 때보다도 훨씬 뛰어날 것이다.

07

최신 정보를 내 것으로
만드는 기술

신문은 하나만 지속적으로 읽는 것이 낫다

직장인들 중에는 '정보 과민증'이라고 해도 좋을 사람이 꽤 많다. 예를 들어 전국지뿐 아니라 전문지를 포함해서 대여섯 종류의 신문을 읽지 않고서는 직성이 풀리지 않는 사람 말이다.

하지만 신문을 통해서 얻을 수 있는 정보량은 구독하는 신문 수와 결코 비례하지 않는다. 신문들이 다루는 내용이 서로 비슷비슷하기 때문이다. 그 많은 신문을 읽는 데 드는 시간을 생각한다면 신문은 하나만 읽는 편이 낫다.

신문에는 제각각 특징이 있어, 계속 같은 신문을 읽어보면 그 신문의 특징을 알 수 있다. 그리고 이 특징을 파악하면 기사의

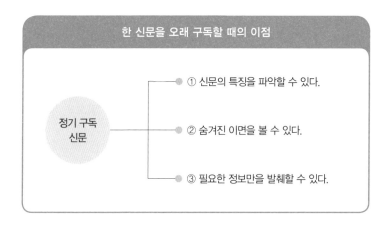

한 신문을 오래 구독할 때의 이점

정기 구독
신문

① 신문의 특징을 파악할 수 있다.

② 숨겨진 이면을 볼 수 있다.

③ 필요한 정보만을 발췌할 수 있다.

'이면'에 숨은 내용을 볼 수 있다. "이 신문이 이런 논조로 썼다는 것은 사실은 이렇다는 말이겠군"이라는 식이다. 한 신문을 오래 읽으면 짧은 시간 안에 올바른 정보를 파악할 수 있게 되는 것이다.

반대로 신문을 이것저것 바꾸면 읽고 있는 신문들이 가진 각각의 특징을 좀처럼 파악할 수 없기 때문에 '이면'을 발견하기 힘들다. 혹은 필요한 정보를 찾는 데 시간이 많이 걸린다. 더군다나 너무 많은 신문을 읽으면 그것만으로 하루가 끝날지도 모른다.

일하는 틈틈이 신문들을 읽는 것은 상관없다. 하지만 이것도 자신이 정한 신문을 집이나 출근길에서 면밀하게 읽은 다음에 해야 한다. 한 신문을 제대로 읽은 다음이라면 여기서 얻은 정보를 토대로 다른 신문에서 필요한 부분만 짧은 시간 동안 죽 훑어볼 수도 있다.

독서도 이와 마찬가지로 어떤 주제와 관련해서 여러 권을 반드시 읽어야 할 때는, 차례나 내용을 죽 훑어보고 자세하게 읽을 책을 한 권으로 압축해서 읽는다. 나머지 책들은 부교재처럼 처음 읽은 책에서 다루지 않았던 부분만을 선택해서 읽으면 된다.

신조어는 억지로 외우지 말고 일상에서 사용하라

하루가 다르게 변하는 IT 업계 등을 '도그 이어dog year'라고 부르는 것만 봐도 지금 세상이 얼마나 눈부시게 변하고 있는지를 알 수 있다. 책이나 잡지를 읽다 보면 새로운 단어가 눈에 들어온다. 생소한 분야를 공부하기 시작하면 또 여러 가지 키워드를 접하게 된다.

이것들을 모두 외워야 한다고 생각하는 순간부터 머리가 아파올 것이다. 이때 수험생처럼 메모를 하거나 전용 노트를 만들어 하나씩 외우는 사람도 있는데, 이보다 더 편한 암기법이 있다. 바로 다른 사람과 대화를 하거나 일기를 쓸 때 새로운 단어를 의식적으로 써보는 것이다.

신조어나 키워드는 억지로 외워야 한다고 생각하면 중압감이 커져 정신 건강에도 좋지 않다. 외우면서도 재미가 없기 때문에 효율도 낮다. 하지만 대화를 할 때 의식적으로 사용해보면 신조어가 재미있게 느껴진다. 신조어를 젊은 사람에게 써서 "○○ 씨도 신세대시군요"라는 소리를 듣는 것도 그리 나쁘지만은 않다. 혹은 일기를 쓸 때 의도적으로 신조어를 적으면 자신이 현명해진 것처럼 느껴져서 이 또한 즐겁다. 즐겁기 때문에 신조어나 키워드도 쉽게 외울 수 있다.

외국어 공부를 할 때도 마찬가지다. 새로 배운 단어나 중요 어구, 관용 표현 등을 억지로 외우려고 하기 때문에 좀처럼 외울 수 없는 것이다. 친구와 이야기를 하거나 일기를 쓸 때 살짝 써 보면 훨씬 재미있게 외울 수 있다.

스크랩북의 정보는 같은 사이즈로 통일하라

일이나 공부에 도움이 될까 하여 신문이나 잡지를 스크랩하는 사람이 많을 것이다. 하지만 스크랩이라고 해서 다 똑같은 것은 아니다. 보다 쉽게 스크랩북을 만드는 방법을 알아보자.

가장 흔한 방법은 스크랩북을 사서 거기에 정보를 오려 붙이는 것이다. 하지만 정리하는 시간이 꽤 많이 걸려 처음에는 곧잘 하다가도 나중에는 귀찮아져서 도중에 그만두는 사람이 많다. 또 이렇게 하면 정보가 늘어날수록 무거워져서 나쁘다. 한 가지 정보만 필요한데 무거운 스크랩북을 다 꺼내야 하는 것도 귀찮고, 스크랩북을 가지고 다녀야 한다면 더욱더 그렇다.

스크랩북에 붙이는 것이 귀찮아 오려서는 전부 상자나 봉투에 담아두는 사람도 있다. 이는 시간이 걸리지 않아 계속 스크랩을 할 수는 있지만, 나중에 찾기가 쉽지 않다는 단점이 있다. 특히 작게 자른 기사는 큰 종이들 사이에 파묻혀 더욱 찾기 힘들다.

스크랩하고 싶은 정보는 모두 같은 크기로 통일하는 것이 스크랩을 잘하는 비결이다. 잡지 크기 등을 고려하면 A4 정도로 하는 것이 여러 모로 좋다. 신문의 경우에는 작은 기사라도 A4 사이즈로 자르거나 복사한다. 필요한 부분만 빨간 색연필로 테두리를 쳐두면 무엇이 필요한 기사인지 금방 알 수 있다. 같은 주제의 내용을 A4 한 장으로 몰아서 스크랩할 수도 있다.

일단 A4로 크기를 통일하면 종이에 구멍을 뚫어 끈으로 엮든지, 테마별로 집게를 집어둔다. 이렇게 하면 나중에 작게 자른 기사가 어디에 있는지 힘들게 찾을 필요도 없다.

정보는 같은 사이즈로 통일한다. 그렇게 하는 것만으로도 스크랩북은 훨씬 이용하기 쉬워진다.

1 평상시 알아두면 더욱 효과적인 서점 이용법

단골 서점을 만들어두면 편하다

출퇴근길과 자주 다니는 길 주변, 시내에 단골 서점을 만들어두고 책을 가까이한다.

놀라운 효과를 발휘하는 30분 서점 이용법

서점에서 30분 동안 서서 읽는 것은 집에서 1시간 정독하는 것 못지않은 효과가 있다.

 2 현명한 사람의 도서 구입 철학

책을 살 때는 망설이지 말라

서점에 진열되는 책의 수명은 생각보다 짧으므로, 마음에 드는 책은 눈에 띄는 즉시 사두는 것이 좋다.

책은 한꺼번에 많이 구입하라

책을 한꺼번에 구입하면 더 신중하게 고르게 되고 더 집중해서 읽게 된다.

 3 입문서와 쉽게 친해지는 방법

입문서보다 관련 도서를 먼저 읽어라

입문서를 읽기 전에 주변을 다룬 책들을 먼저 읽음으로써 자신이 공부할 분야에 대한 워밍업을 하도록 한다.

성공적으로 입문서를 정복하는 법

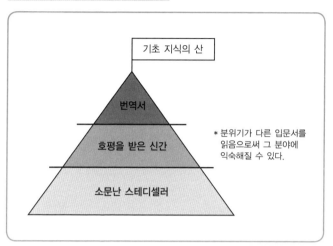

즐겁게 책을 읽기 위한 노하우

재미없는 책은 과감히 덮어버려라

재미없는 책을 읽는 것은 시간 낭비이자 스트레스이므로 다른 책을 찾아 읽도록 하자.

책의 내용을 자기 것으로 만드는 비결

책의 다음 페이지를 예상하면서 읽으면 내용이 머릿속에 더 쉽게 정착 된다.

학창 시절 애독서는 반드시 다시 읽어라

학창 시절에 읽었던 책을 다시 읽는 일은 공부에 대한 의욕을 되살려 준다.

똑똑한 사람의 효율적인 독서법

단시간에 많은 책을 독파하라

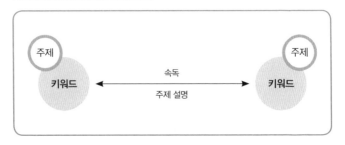

독서는 리듬이 중요하다

저자의 리듬을 타게 되면 내용도 술술 읽히고 머릿속에 더 잘 들어온다.

 알고 보면 간단한 전문서 활용법

전문 서점을 찾아 나서자

대형 서점보다 전문 서점을 활용하는 것이 더 다양하게 책을 접할 수 있어 효과적이다.

어려운 학술서는 후반부부터 읽어라

학술서의 결론은 후반부 3분의 1이므로, 이 부분을 먼저 읽으면서 필요한 내용만 앞쪽을 찾아보면 이해도와 속도 면에서 모두 효율적이다.

최신 정보를 내 것으로 만드는 기술

신문은 하나만 지속적으로 읽는 것이 낫다

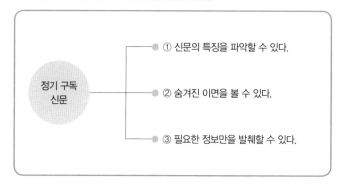

정기 구독 신문

① 신문의 특징을 파악할 수 있다.

② 숨겨진 이면을 볼 수 있다.

③ 필요한 정보만을 발췌할 수 있다.

신조어는 억지로 외우지 말고 일상에서 사용하라

신조어를 일상에서 사용하거나 일기에 쓰면 기억에 오래 남아 굳이 따로 외울 필요가 없다.

스크랩북의 정보는 같은 사이즈로 통일하라

같은 사이즈로 스크랩북의 내용을 통일하여 주제별로 묶어두면, 깔끔 하게 보관할 수 있고 나중에 찾기에도 쉽다.

정말 열심히 하는데 결과는 그저 그렇다면 기운이 나지 않을 것이다. 특히 영어와 같은 어학을 비롯해 입시나 자격 취득 시험, 검정 시험 등의 경우 공부 방법에 문제가 있다면 노력은 헛수고가 되기 쉽다. 이번 장에서는 수업을 듣는 방식부터 문제집, 참고서 활용법까지 고득점과 합격을 거머쥘 수 있는 공부 비법을 알아보자.

chapter 5

실력이 쑥쑥 자라는
초강력 공부법

01

시험을 대비한 공부를 할 때
꼭 필요한 것

여러 가지 공부법을 시도하는 것은 금물이다

본격적으로 시험 공부를 시작했다면 처음 3개월은 다른 생각을 하지 말고 어쨌든 죽자 살자 공부하자. 모의고사의 성적이 좋지 않으면 '이대로 괜찮을까'라는 생각에 불안해질지도 모른다. 하지만 시험 공부는 금방 좋은 결과를 얻을 수 있는 것이 아니다. 노력한 성과가 성적에 반영되기까지는 적어도 3개월은 걸리는 법이다.

운동을 생각해보자. 매일 근력 트레이닝을 한다고 해서 몇 주만에 몸이 달라지지는 않는다. 하지만 거기서 포기하지 않고 꾸준히 트레이닝을 계속하면 몇 개월 후에는 눈에 띄게 근육이 늘어난다.

시험 공부도 마찬가지다. 자신의 공부법을 믿고 꾸준히 밀어붙인다. 90일 정도 계속 노력해야 겨우 어느 정도의 실력이 붙을 것이다. 단, 3개월은 어디까지나 표준치다. 사람에 따라서는 몇 개월이 더 걸릴 수도 있다.

또 공부하는 분야에 따라서도 다르다. 암기가 중요한 분야라면 성과가 빨리 나타나지만, 응용력이 필요한 분야들은 좀처럼 점수로 이어지지가 않는다. 그러므로 3개월이나 지났는데 성적이 안 오른다고 초조해할 필요는 없다. 수험생에게는 짜증이 나서 공부에 집중할 수 없는 상태가 가장 좋지 않다. 또 기껏 3개월이나 노력을 했는데 이제 와서 공부법을 바꾼다면 다시 처음부터 시작해야 한다. 이것저것 시도하는 동안 제대로 되는 공부는 하나도 없을 것이다.

성적이 오르지 않을 때일수록 꾹 참아야 한다. 지금까지처럼 꾸준히 노력하면 확실한 성과를 올릴 수 있다. 한순간에 눈에 띄게 성적이 쑥쑥 오르는 것이 바로 시험 공부다.

창피함은 공부 의욕을 키우는 최고의 영양소

다른 사람들 앞에서 창피했던 기억은 좀처럼 잊히지 않는다. 백화점에서 넘어졌다든가, 상표를 떼지 않은 옷을 입고 다녔다

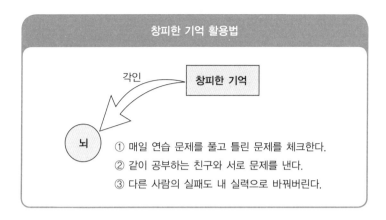

창피한 기억 활용법

각인

창피한 기억

뇌

① 매일 연습 문제를 풀고 틀린 문제를 체크한다.
② 같이 공부하는 친구와 서로 문제를 낸다.
③ 다른 사람의 실패도 내 실력으로 바꿔버린다.

든가 하는 기억들은 아무리 시간이 지나도 잊히지가 않는다.

사람이란 참 이상한 존재여서, 기쁜 일보다는 창피를 당하거나 분했던 일이 더 오래 기억된다. 이를 공부에 응용해보자. 즉, 창피를 당하는 것이 최고의 암기법이라는 말이다.

가능하면 매일 연습 문제를 풀어보자. 그리고 곧장 정답을 확인한다. 힘들게 외웠던 관용구를 틀리거나 어처구니없이 맞춤법을 틀리는 경우가 생길 것이다. 여기서 그저 기계적으로 ×표를 그어서는 안 된다. 충격을 받고 분석하면서 "반드시 외워주겠어!"라고 의욕을 불태우는 자세가 중요하다.

같이 공부하는 친구와 서로 문제를 내는 것은 더욱 효과적이다. 문제를 틀리면 상대의 재미있어 하는 얼굴과 함께 그 내용을 뇌리에 새긴다. 또 다소 악취미이기는 하지만 상대가 틀렸을 때에도 "고소하다. 나도 그런 문제는 안 틀린다"라면서 확실하게 내용을 외울 수 있도록 한다.

'실패는 성공의 어머니'라는 말이 있다. 같은 실패를 반복하지 않으면 확실히 성공에 가까이 다가서고 있다고 할 수 있다.

합격 수기는 아무런 도움이 되지 않는다

시험 관련 잡지에는 '나는 이렇게 해서 시험에 합격했다'는 합격 수기가 자주 게재된다. 이런 수기는 "좋았어, 나도 더 열심히 하자!"라며 자신에게 힘을 불어넣는 데에는 도움이 될지 모르지만, 기본적으로 그들의 공부법은 따라하지 않는 편이 좋다. 아무리 목표가 같다고 해도 수기의 주인공과 자신과는 다니는 학원도, 가정환경도, 공부 진행 속도도 전부 다르다. 또 합격 수기는 이러쿵저러쿵 자랑만 늘어놓기 십상이고, 자신이 힘들어했던 부분은 거의 쓰지 않는다. 그런 내용을 있는 그대로 받아들여 따라하는 것은 시간 낭비일 뿐이다.

시험을 준비하는 사람에게 가장 도움이 되는 것은 실패담이다. "지금 생각하면 어디가 서툴렀어", "어디서 좌절했어", "어떤 것이 가장 힘들었어" 등과 같은 이야기에는 귀중한 정보가 잔뜩 담겨 있다.

실패의 원인은 그야말로 천차만별이다. 단순하게 공부 시간 분배 때문일지도 모르고 중점을 잘못 두었기 때문일지도 모른다. 또 마음가짐의 문제이거나 학원을 잘못 골랐을지도 모른다.

실패담을 주의 깊게 읽으면서 그 사람의 어디가 실패 원인인지를 파악했다면 자신을 되돌아보자. 타인의 실패를 그저 남 일이라고 생각하지 말고, 타산지석으로 삼아 자신을 채찍질하는 것이 중요하다.

같은 실패를 범하지 않으면 그만큼 합격에 가까이 다가설 수 있을 것이다.

수업이나 숙제에 대한
현명한 대처법

대충 해도 되는 부분은 철저히 대충 한다

시험 공부는 성실하게 꾸준히 노력만 한다고 되는 것이 아니다. 대충 해도 되는 부분은 철저히 대충 한다. 이것이 반드시 성공하는 비결이다.

인간의 집중력에는 한계가 있다. 예습도, 수업도, 숙제도, 복습도 전부 성실하게 해야 한다고 생각하면 결국 제일 중요할 때 집중력이 떨어지게 된다. 무의식중에 대충 하게 되기 때문에 무서운 것이다. 아니, 단순히 물리적인 의미에서도 대충 하지 않으면 정작 해야 할 부분을 못하게 된다. 정말 열심히 공부하는데 점수가 나오지 않는다고 한탄하는 사람의 대부분은 이렇게 쓸데

없이 성실한 타입이다.

현명하게 힘을 조절하여 중요한 부분에만 전력투구하는 습관을 들이자. 예를 들어 학원 수업이 1~2시간쯤 된다고 하면 시험과 별 관계없는 수업이 아마 그 반은 될 것이다. 그런 수업은 듣고 흘리는 정도로 해서 머리를 쉬게 한다. 이럴 때 충분히 에너지를 축적해서 중요한 수업이나 시험 공부에 유용한 수업을 들을 때 힘껏 집중한다. 1초도 방심하지 말고 귀를 크게 열고 선생님의 설명을 들으면 수업 내용은 평소보다 훨씬 잘 머릿속에 들어온다.

시험은 무엇보다도 결과가 중요하다. 시험에 필요 없는 공부는 철저히 무시하자.

예습을 100% 활용하라

예습을 싫어하는 학생들이 많다. 이유를 물어보면 "어차피 혼자서는 이해할 수 없다", "모르는 것뿐이어서 시간이 많이 걸린다"는 대답이 돌아온다.

하지만 이는 큰 착각이다. 원래 예습은 수업 이해도를 높이기 위한 수단이다. '독학'과는 다르다. 다시 말해 예습 단계에서 실제 수업에서 배울 내용을 완벽하게 이해할 필요는 없다. 배우지도 않은 내용을 혼자서 완벽하게 이해할 수 있다면 학원 같은 데

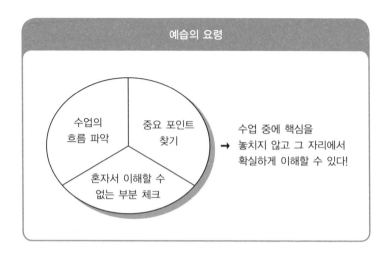

예습의 요령

수업의 흐름 파악

중요 포인트 찾기

혼자서 이해할 수 없는 부분 체크

→ 수업 중에 핵심을 놓치지 않고 그 자리에서 확실하게 이해할 수 있다!

갈 필요도 없다.

예습을 할 때는 수업의 흐름, 중요 포인트, 혼자의 힘으로는 이해할 수 없는 부분, 이 세 가지만 확실하게 하면 충분하다. 이 정도라면 그리 시간은 걸리지 않고 심리적인 부담도 되지 않을 것이다.

전날에 도저히 예습할 시간이 나지 않았다면 다음 날 아침 10분이라도 좋다. 교재를 쭉 훑어보면서 중요한 부분을 체크한 다음 수업을 듣는다. 그렇게만 해도 수업을 들으면서 어디를 주의 깊게 들어야 하며 어디가 주제와는 거리가 먼 여담인지를 판단할 수 있다. 즉, 여유롭게 수업을 들을 수 있다는 말이다.

예를 들어 영어를 예습한다고 해보자. 모르는 단어가 많아도 이를 전부 사전에서 찾을 필요는 없다. '앞에서도 본 것 같은데…', '몇 번이나 봤는데 의미가 기억나지 않아'라고 생각되는 단어(특히 동사와 형용사)를 중점적으로 조사하면 된다.

이때 반드시 의미를 조사했던 단어는 사전에 형광펜이나 붉은 색연필로 표시한다. 다음에 사전에서 찾을 때 "젠장! 또 같은 단어를 찾고 말았어. 이번에는 분명히 외워야지"라며 투지를 불태우게 된다.

노트 필기보다 그날 수업에 집중하라

선생님이 칠판에 적는 내용을 정신없이 노트에 옮겨 적는 사람을 자주 보게 되는데, 이는 오히려 공부에 방해가 된다. 수업 시간에는 우선 '듣기'에 전념해야 한다. 이때의 '듣기'란 '이해'한다는 의미다.

외국어를 배운다고 예를 들어보자. 선생님은 주로 단어의 뜻이나 관용 표현, 비슷한 뜻을 가진 말 등을 칠판에 적어나갈 것이다. 동사에 대한 수업이라면 동사 변화의 법칙이 모두 그려지기도 한다. 선생님이 칠판에 적어둔 내용만 봐서는 어떤 동사가 어떤 식으로 변형을 하는지 그 법칙을 잘 알 수 없다. 그런데 이런 칠판에 적힌 내용을 옮겨 적는 데에만 정신이 팔려 있다면 그보다 더 중요한 법칙에 대한 설명을 놓치게 된다. 그날 수업에서 가장 중요한 부분을 그냥 지나치는 것이다.

그러므로 필기에 정신을 쏟기 전에 선생님의 말에 온 신경을 집중시키고, 그날 수업의 큰 흐름, 중요한 포인트를 확실하게 이해하자. 그리고 집에 돌아와서 수업 시간에 미처 적지 못했던 단어의 뜻 등 자잘한 사항을 적어 넣으면서 노트를 정리한다. 이렇게 하면 그날 수업 내용을 더욱 깊게 이해하고, 또 그날 안에 기억을 정착시킬 수 있다.

숙제는 시험에 도움이 되는 정보의 보물 창고

수험생들은 선생님이 숙제를 내주면 "시험 공부로 바쁜데 숙제를 할 틈이 어디 있어!"라고 생각할 수 있다. 숙제를 무시하거나 성실한 친구의 숙제를 베끼는 사람도 있다. 수험생이 아니라면 그렇게 생각하는 것도 당연하겠지만, 수험생이라면 숙제를 우습게 보면 안 된다.

선생님은 학생들이 꼭 외웠으면 좋겠다고 바라는 핵심을 중심으로 숙제를 낸다. 그날 안에 숙제를 해버리면 그대로 시험에 필요한 지식을 복습한 것이 된다. 가령 숙제가 다음 수업 시간에 배울 내용이라면 예습으로 삼을 수 있다. 게다가 이런 숙제를 하려면 앞에서 배운 내용을 보다 잘 이해하지 않으면 안 되기 때문에 결국 복습도 된다. 나아가 숙제 내용은 시험에 가장 잘 나오는 문제인 경우가 많다. 즉, 숙제는 선생님이 친절하게 가르쳐주는 시험 문제라는 말이다.

숙제로 받은 프린트를 답을 쓰기 전에 복사해서 모아두면 나중에 시험공부를 할 때 예상 문제집 대신 활용할 수 있다. 그렇기 때문에 숙제를 성실하게 하면 시험 결과가 좋아지는 것은 당연한 일이다.

03

참고서 활용법

입소문만 듣고 선택하면 후회한다

참고서 선택은 수험생에게 매우 중요하다. 기본적으로 나쁜 참고서는 없다. 하지만 자신의 수준에 맞지 않는 참고서는 있다. 그러므로 입소문이나 남의 말만 듣고 구입해서는 안 된다.

친구가 "이 참고서는 정말 좋아"라고 권하기만 해도 바로 서점으로 달려가는 사람이 있는데, 이는 금기 사항이다. 또 시험 관련 잡지에 실린 합격 수기에 휘둘리는 것도 금기 사항이다. 자신이 목표로 하는 시험에 합격한 사람이 "나는 ○○을 했다"라고 적힌 글을 읽으면 무심코 자신도 같은 참고서로 공부하면 합격할 것만 같은 느낌이 들겠지만, 이는 너무나 안이한 발상이다.

쓸 만한 참고서 고르기

① 입소문이나 합격생의 말만 믿지 않는다.

② 기본적으로 나쁜 참고서는 없다는 생각으로 꼼꼼히 살핀다.

③ 자신의 수준에 맞는 것이 제일 좋은 참고서이다.

당신과 합격 수기를 쓴 그 사람의 실력이나 공부 스타일이 완전히 똑같지 않는 한 아무 소용도 없다.

참고서를 선택할 때는 결코 선입관을 가져서는 안 된다. 우선 자신의 눈으로 책의 수준이나 얼마나 쓰기 편한지를 확인하는 것이 중요하다.

최고의 참고서를 찾아내는 방법

어떻게 하면 자신의 수준에 맞는 참고서를 선택할 수 있을까? 단순히 잘 팔리는 책을 사는 사람이 있는데, 우선 최소한 대여섯 권은 후보에 올려야 한다. 또 어떤 사람은 책 내용을 확인할 때 처음부터 넘겨보는데, 이는 비효율적이다. 아직 배우지 않은 부분은 아무리 봐도 참고가 되지 않는다.

자신의 수준에 딱 맞는 단 한 권을 찾아내기 위해서는 이미 배운 부분을 중점적으로 확인, 비교하는 것이 포인트이다. 읽었을 때 어렵고 모르는 것투성이라면 그 참고서는 수준이 너무 높은 것이다. 반대로 이미 아는 내용만 있다면 조금 더 수준이 높은 참고서를 찾는 편이 좋다.

또 하나, 의외로 간과하기 쉬운 부분이 있는데, 바로 차례와 색인이다. 차례와 색인이 알찬 참고서는 상당히 쓰기 편하다. 참고서는 '읽는 책'이 아니라 '사용하는 책'이므로, 차례와 색인이 알차지 않으면 효과적으로 사용할 수 없다.

참고서는 배웠던 부분부터 시작해야 하며, 반드시 제1장부터 순서대로 할 필요는 없다. 배우지 않은 부분을 독학하는 것은 시간이나 에너지를 상당히 많이 낭비하게 된다. 처음에는 이미 배운 부분을 복습하면서 그 참고서의 스타일, 성격, 특징 등과 같은 포인트를 잘 파악한다. 혹은 오늘 수업에서 배웠던 부분을 바로 참고서로 복습한다. 배우지 않은 부분을 손대는 것은 이렇게 모든 복습을 끝마친 다음에 해도 늦지 않다.

어떤 참고서든 그에 맞는 사용법을 파악하라

참고서는 소설처럼 '읽는 책'이 아니라 사전과 같은 '사용하는 책'이다. 어떤 참고서든 저자가 만들어놓은 사용법이 있다.

일본에는『기본 영문 700선』이라는 유명 참고서가 있다. 많은 일본 사람들은 이 책을 영작문을 위한 참고서라고 생각한다. 그리고 그렇게 생각하는 사람 중에는 어째서 700개나 되는 영문을 외우지 않으면 안 되는지 그 이유도 모른 채 무작정 암기하는 사람도 있다.

하지만 이 책의 저자는 영문 독해를 위해 구문을 이해하고, 문법이나 단어 등 종합적인 영어 실력을 습득하라고 이 참고서를 만든 것이다. 그러므로 이 책을 올바르게 사용하는 방법은 우선은 각각의 영문을 읽고 이해한다. 그리고 몇 번이나 반복해서 읽으면서 영문을 기억한다. 이렇게 함으로써 비로소 필자가 의도했던 영어 실력을 얻을 수 있는 것이다.

이처럼 참고서는 올바르게 사용해야 비로소 책에 적혀 있는 내용을 자기 것으로 만들 수 있다. 올바른 사용법은 '서문'을 읽으면 확연히 알 수 있다. 어떻게 사용하면 참고서가 100퍼센트 효과를 발휘하는지, 저자는 정성껏 설명해놓았을 것이다.

"그 참고서는 좋아", "그 참고서는 해도 의미가 없어"라며 참고서를 비평하는 사람이 있는데, 기본적으로 나쁜 참고서란 없다는 점을 기억하자. 어떤 참고서든 정해진 대로 사용하면 그것에 할애한 시간은 반드시 결실을 맺을 것이다.

세 권을 한 번 보는 것보다 한 권을 세 번 공부하는 게 낫다

수험생 중에는 '참고서 마니아'라고 해도 될 정도로 몇 권이나 되는 참고서를 구비하는 사람이 있다. 참고서가 많으면 그만큼 많은 지식을 얻을 수 있을 것 같지만, 공부 시간은 한정되어 있다. 한꺼번에 몇 권이나 되는 참고서에 손을 대면 결국 모두 어중간하게 이해하는 것으로 끝나고 만다. 오히려 한 권의 참고서를 깊게 공부해서 완벽하게 마스터하는 편이 실적 면에서는 더 이득이다. 원칙은 한 권의 책을 최소한 세 번은 반복해서 공부하는 것이다.

첫 번째는 무조건 처음부터 끝까지 쭉 보면서 전체적인 분위기를 파악한다. 외우기보다는 오히려 알고 있는가, 이해하고 있는가만을 생각한다. 그렇게 하면 어디가 중요한지, 어느 부분을 더 공부해야 하는지 하는 것들이 보이게 되고, 그런 부분에는 형광펜으로 표시를 해둔다.

두 번째는 형광펜으로 표시를 한 부분을 중점적으로 공부한다. 중요한 부분을 더욱 좁혀 첫 번째와는 다른 색의 형광펜으로 표시를 한다.

세 번째 복습을 할 때는 주의가 필요하다. 내용도 거의 알고 있기 때문에 무심코 방심하기 쉽지만, 사람이니까 놓친 부분이 반드시 있을 것이다. 정신을 집중하고 배웠던 것을 하나씩 하나씩 확인하면서 다시 공부한다. 그리고 새롭게 깨달은 부분은 또

참고서를 완벽하게 마스터하는 비결

〈1단계〉
전체를 쭉 훑어보면서 중요한 부분,
취약한 부분을 형광펜으로 표시

〈2단계〉
형광펜으로 표시한 부분 중에서 보다
중요한 부분을 다른 색으로 표시

〈3단계〉
지금까지 표시한 부분을 확인하고,
새롭게 깨달은 부분은 또 다른 색으로 표시

다른 색 형광펜으로 표시한다.

이렇게 최소한 세 번 정도 반복하면 참고서를 확실하게 자기 것으로 만들 수 있다. 한 권을 완벽하게 마스터했다는 사실로 인해 자신감도 생길 것이다.

많은 참고서를 조금씩 맛만 봐서는 아무것도 얻을 수 없다. 마치 연인을 선택할 때처럼 말이다.

04
실력을 키워주는
문제집 사용법

지문 설명과 해설이 꼼꼼한 문제집을 골라라

문제집은 참고서보다도 고르기가 더 어렵다. 내용의 난이도를 더 세심하게 파악하지 않으면 시간과 돈을 낭비하게 되기 때문이다. 너무 어려워서 하나도 풀지 못하는 문제집은 도중에 내던질 것이 뻔하다. 설령 해설을 보면서 끝까지 풀었다고 해도 "한 권을 끝냈다"는 성취감은 얻을 수 없다. 오히려 "이런 실력으로 괜찮을까"라며 자신감을 잃을 뿐이다.

반대로 어느 문제든 술술 풀릴 것만 같은 문제집도 안 된다. 배울 수 있는 것이 너무 없다. 자기만족만 될 뿐 역시 시간은 낭비하게 된다. 대충 봤을 때 문제의 60~70퍼센트가 "어떻게든 풀 수 있겠어", "알고 있는 내용이야"라고 느껴지는 문제집을 선택하는 것이 좋다.

또한 문제집은 해설도 잘 비교해야 한다. 책의 지명도나 가격과 상관없이, 출판사의 성격에 따라 문제집에서 해설이 차지하는 비중은 천차만별이다. 잘못하여 해설이 조금만 된 것을 고르면 문제를 풀다가 어려움에 부딪쳤을 때 포기하게 된다. 예를 들어 영어라면 제시문까지 번역된 문제집이 좋고 자격증 시험이라면 문제를 푸는 과정이나 다른 해법도 실려 있는 문제집이 제일 좋다.

정답을 확인할 때는 그저 기계적으로 ○, ×를 표시할 것이 아니라 해설을 꼼꼼하게 공부한다. 이렇게 한 권을 끝내면 평범하게 두 권을 끝낸 것과 같은 효과를 얻을 수 있다.

문제집을 최강의 정리 노트로 만들어라

외국어나 자격증 시험 대비 문제집 중에는 빈칸 채우기 문제가 많다. 실제 시험에서도 빈칸 채우기 문제가 많으므로 합격을 위해서는 반드시 이런 종류의 문제집을 확실하게 끝내두어야 한다.

잘 만들어진 빈칸 채우기 문제집을 같은 것으로 두 권 산다. 우선 첫 번째 문제집은 평소대로 풀고, 정답 칸에 답을 적어넣는

문제집을 현명하게 활용하는 법

문제집 1

① 문제를 푼다.
② 정답을 모두 채운다.
③ 별책 해답집을 만든다.

문제집 2

① 시간 간격을 두고 문제를 푼다.
② 또 틀린 문제는 집중 공부한다.
③ 실전 정리 노트를 완성한다.

다. 풀지 못한 문제, 틀린 문제는 해답을 보고 역시 답을 적는다. 이때 풀지 못했던 문제의 해답만 빨간 펜으로 쓰면 나중에 자신의 약점을 확인할 때 도움이 된다.

이렇게 한 문제집의 빈칸을 모두 정답으로 채워넣으면 '별책 해답집'이 완성된다. 시간 간격을 둔 다음 두 번째 같은 문제집을 풀 경우, 이 '별책 해답집'이 있으면 일일이 책 뒤의 해답 페이지를 보지 않아도 되니까 채점이 힘들지 않다.

두 번째에도 풀지 못했던 문제는 '별책 해답집'에 따로 표시를 해두면 두고두고 기억을 유지·보수하는 데 큰 도움이 된다. 즉, 이 '별책 해답집'은 시험 직전까지 도움을 주는 실전 정리 노트인 셈이다.

기출 문제를 제대로 활용하라

대학 입학시험에 대비한 공부를 할 때는 과거에 그 대학에서 출제된 문제, 소위 '기출 문제'를 푸는 것이 가장 효율적인 공부법이라는 사실은 다들 잘 알고 있다. 이는 자격시험에서도 똑같다. 아니, 그 효과는 대학 입학시험 공부 이상이라고 할 수 있다.

대학 입학시험은 기본적으로는 '떨어뜨리기 위한 시험'으로, 너무나 까다롭고 생각하기에 따라서는 정답이 2개가 될 수 있는 문제나 고도의 상상력이 필요한 문제가 출제되는 경우가 많다. 이런 문제는 아무리 기출 문제를 많이 풀어도 센스가 없으면 잘 풀지 못할 수 있다.

한편, 자격시험은 이런 유형의 문제가 적고 솔직한 문제가 많다. 자격시험이란 기본적으로 '그 자격에 필요한 지식을 묻는 시험'이기 때문이다. 적어도 출제자에게는 시험을 보는 어른들을 쩔쩔매게 하겠다는 악의가 없다. 때문에 자격시험 중에는 지난 몇 년 동안의 기출 문제를 풀면서 해답을 외우면 합격할 수 있는 것들이 꽤 많다. 기출 문제집은 자격을 따려는 사람에게 있어 최고의 참고서라고 해도 과언이 아니다. 여기서 문제는 이 문제집을 어떻게 이용할 것인가이다.

실력을 알아보려고 자력으로 문제를 푸는 것은 시간 낭비다. 우선 몇 년치 기출 문제들을 훑어본 다음에 어떤 지식이 필요한지를 파악, 이에 맞는 공부법을 궁리한다. 그리고 어느 정도 지식을 습득하면 이제는 기출 문제의 해답을 통째로 외운다. 이렇게 하면 대부분의 자격시험에 합격할 수 있다.

덧붙여 말하면, 자격시험은 소위 '빈칸 채우기 문제'가 많이 출제된다. 이런 문제의 답은 대체로 기호로 채워 넣게 되는데, 기출 문제를 풀 때에는 기호를 적으면 안 된다. 말을 제대로 써서 질문을 '정답 문장'으로 만든 다음 이를 통째로 암기하자.

05
노트의 함정

공부할 때 연필이나 샤프는 쓰지 말라

시험 공부에 필요 없는 것이 바로 연필과 샤프다. 왜냐하면 이 두 필기도구는 지우개로 지울 수 있기 때문이다.

시험 공부는 입시와 달리 아무리 많이 틀려도 상관없다. 오히려 '틀렸다'는 사실은 자신의 약점을 아는 데 있어 상당히 귀중한 정보라고 할 수 있는데, 연필이나 샤프를 쓰면 그 귀중한 정보를 지우게 되는 경우가 많다. 이래서는 약점을 모르게 될 뿐 아니라 지우는 데 시간과 노력을 또 낭비하게 된다.

시험 공부를 할 때는 볼펜이나 사인펜을 쓰는 것이 좋다. 틀린 부분을 선으로 긋고 빨간 볼펜으로 정답을 쓰면 나중에 봐도 한

눈에 자신의 약점을 알 수 있다. 그렇게 하면 노트가 지저분해져 몇 권이나 있어도 부족하겠다는 생각이 들 수도 있겠지만 공부에는 더 큰 도움이 된다.

또 책상 위에 책꽂이도 두지 않는다. 책상 위에 책꽂이를 두면 그렇지 않아도 좁은 책상이 더 좁아지고, 공부를 할 때에도 눈앞에 상관없는 책들이 있으면 정신이 산만해지기도 쉽다.

책상 위에는 꼭 필요한 물건만 둔다. 지금부터 시작하려는 공부를 하는 데 필요한 책이나 노트만을 펼쳐두면 된다.

노트 필기는 한 쪽만 하고 후에 나머지를 보강하라

필기할 때 깨알 같은 글씨로 노트가 새카맣게 될 정도로 빈틈없이 쓰는 사람이 있다. 종이를 아끼는, 혹은 노트 값을 절약하려는 의미에서는 좋은 마음가짐이다. 또 빈틈없이 쓰면 공부를 아주 열심히 한 것처럼 보여서 자기만족에 빠질지도 모른다. 하지만 필기의 원래 목적을 생각한다면 이런 필기 방식은 좋은 것이 아니다.

노트라는 것은 한 번 적는 것으로 끝나는 것이 아니다. 거기에 적은 내용을 두고두고 복습할 필요가 있다. 복습할 때마다 추가 사항, 약점, 새롭게 알아낸 것 등을 적어 넣으면서 비로소 시험에 도움이 되는 좋은 노트가 완성되는 것이다. 그런데 처음부터 빽빽하게 채워 넣으면 복습의 성과를 덧붙일 수가 없다. 읽기 힘들기 때문에 무엇이 핵심인지 한눈에 알아볼 수도 없다.

　이상적인 노트 사용법은 노트를 펼쳤을 때 한 쪽 페이지만 필기를 하고 다른 한 페이지는 나중에 추가로 보충 내용을 적어 넣을 수 있게끔 비워두는 것이다.

06
영어 실력이 쑥쑥 늘어나는 기술 ①
청취 편

영어를 음악처럼 항상 들어라

영어를 읽고 쓸 수는 있지만 청취는 못하는 사람이 상당히 많다. 이것은 성적이 좋은 사람들 역시 마찬가지인데, 이들 중에는 영어 회화 음원을 구입해서 청취 공부를 하는 사람도 있을 것이다.

그런데 이 영어 회화 음원의 내용이 아무리 초급 수준이라도 원어민이 말하는 내용을 알아듣기란 그리 쉽지 않다. 이 때문에 얼마 동안은 참고 듣겠지만 도저히 이해할 수가 없어 결국 포기해버리는 사람도 많다. 하지만 여기서 그만둔다면 모처럼의 투자가 허사가 된다. 몰라도 계속해서 듣지 않으면 결코 청취력은 향상되지 않는다.

청취력을 갈고닦기 위해서는 익숙해지는 수밖에 없다. 이해하려 들지 말고 음악처럼 계속해서 틀어놓자. 그러는 사이에 단어가 하나씩 들리고 의미를 이해할 수 있게 된다.

아버지의 전근 등으로 갑자기 미국에 있는 학교로 전학가게 된 아이가 처음에는 상대방의 말을 전혀 알아듣지 못하다가 어느 날 갑자기 말을 알아듣게 되고, 자신도 영어로 의사를 표현할 수 있게 되었다는 이야기를 들은 적이 있을 것이다. 매일 계속해서 영어를 들으면 당신에게도 그런 극적인 순간이 찾아온다.

또 예전에 미국 원주민을 대상으로 그 부족의 말과 영어를 모두 들려주면서 뇌파를 측정하는 실험을 한 적이 있다고 한다. 그 결과 부족의 말은 우뇌에서 음악적으로, 영어는 좌뇌에서 논리적으로 처리된다는 사실을 알게 되었다. 다시 말해 모국어는 논리가 아니라 음악처럼 자연스럽게 받아들여지는 것이다. 친숙해진 언어라면 굳이 알아들으려고 한다든가, 이해하려고 생각할 필요는 없다는 의미도 된다. 재즈나 록처럼 서양 음악을 좋아하는 사람이 대체로 청취 능력이 뛰어난 것도 이 이유다.

주변에 다른 능력은 그리 대단하지 않은데 영어, 특히 청취력만 뛰어난 음악 애호가는 없는가? 혹은 영화 팬 중에서도 청취 능력이 뛰어난 사람이 많은 편이다. 그들 역시 별다른 공부를 하지 않고도 항상 영어 대사를 듣는 동안에 자연스럽게 영어를 알아듣게 된 것이다.

청취력을 향상시키고 싶다면 의미를 파악하지 못하더라도 항상 영어를 듣도록 하자. 차나 지하철 안에서는 영어 회화 음원을 듣고, 집에서는 2개국어 방송으로 뉴스를 듣는다. 그렇게 생활하는 사이에 어느 날 문득 원어민이 말하는 영어가 술술 머리에 들어오고, 당신의 발음도 좋아질 것이다.

원문을 읽으면서 음원을 들으면 효과가 배가된다

영어 듣기를 할 때 활용할 수 있는 교재는 다양하다. 일상 회화를 중심으로 만든 영어 회화 음원도 그렇고 팝송도 영어 교재가 될 수 있다. 영화나 외국 방송국이 제작한 프로그램, 소설 낭독 음원 등도 영어로 들으면 훌륭한 교재가 된다.

이러한 음원은 출퇴근길이나 집에서 그냥 듣는 것도 좋지만, 원문을 읽으면서 듣는 방법을 활용하는 것도 좋다. 이렇게 하면 청취력뿐 아니라 독해력도 향상된다.

일반적으로 청취는 귀가 영어에 익숙해지도록 만드는 부분에 주안점을 두고 있다. 다시 말하면 상대가 말하는 내용만 이해할 수 있다면 단어나 문법 등을 몰라도 상관없다는 의미다. 하지만 그렇게 하면 일상 회화는 문제없을지 몰라도 읽고 쓰는 능력은 그다지 향상시킬 수 없다. 문장이 조금 길어지면 독해력이 따라가지 못해 포기하게 된다는 말이다.

청취력 UP

영어 문장을 눈으로 좇으면 단어나 문법 등 상세한 부분까지 알아들을 수 있다.

독해력 UP

정확한 발음을 들으면서 읽음으로써 더욱 집중할 수 있고 이해도가 높아진다.

  긴 문장을 읽는 것은 독해력을 높이기 위해서인데, 이때 그저 눈으로만 읽기보다는 귀로도 같이 듣는 편이 훨씬 효과적이다. 눈으로 멍하니 영문을 따라가기보다 귀로 정확한 발음을 들으면서 읽는 편이 집중하기도 쉽고 머리에도 잘 들어온다. 이해할 수 없는 문장이 나오면 일단 음원을 멈추고 단어나 구문을 찾아본 후 다시 듣도록 한다.

영어 실력이 쑥쑥 늘어나는 기술 ②
독해 편

얇은 페이퍼백으로 자신감을 키워라

학창 시절 "세계 문학에 도전하겠어"라며 기합을 넣고 세계 명작 전집 읽기에 도전했던 사람이 많을 것이다. 하지만 이때 느닷없이 『카라마조프의 형제들』 같은 책을 사면 끝까지 못 읽지 않을까? 갑자기 도스토예프스키의 장편부터 시작해서는 중간에 그만둬버리지 않는 것이 더 이상하다. 반대로 헤밍웨이의 『노인과 바다』라든가 카뮈의 『이방인』 등 단편부터 시작하는 사람은 마지막까지 읽을 가능성이 높고, 이를 계기로 세계 문학의 세계에 더 깊이 발을 들여놓기도 한다.

아무리 단편이라고 해도 마지막까지 다 읽었을 때의 자신감은 상당하다. 또 다음 책에 도전하려는 의욕으로도 이어진다. 반대로 중간에 좌절해버리면 그 기억이 언제까지나 계속된다. '그 책도 아직 다 안 읽었는데 다른 책을 어떻게…'라며 다음 책에 도전할 의욕도 좀처럼 생기지 않는다.

원서를 읽을 때도 마찬가지다. 어쨌든 한 권이라도 좋으니 끝까지 읽는 것이 중요하다. 그리고 이를 위해서는 처음 읽는 책은 100~200쪽 정도로 가능한 한 얇은 것이 좋다. 내용도 너무 어려운 것보다 쉬울 것 같은 책을 고른다. 오락 소설이나 자신의 전문 분야에 관한 에세이, 평론도 좋다. 조금 모르는 단어가 나오더라도 그다지 신경 쓰지 않고 읽어나갈 수 있다. 목표는 어디까지나 끝까지 읽는 데 있다.

처음에는 끝까지 읽기가 꽤 힘들 것이다. 하지만 그 고통을 극복하면 못한다고 생각했던 어학에 조금은 자신감이 생길 것이다. 그리고 이렇게 네다섯 권을 끝내면 못한다는 생각은 거의 사라질 것이다.

영어가 취약한 사람은 다이제스트 판부터 도전하라

영어가 취약하면 아무리 100~200쪽 가량의 얇은 페이퍼백이라도 끝까지 읽기가 힘들 수 있다. 특히 소설의 경우, 내용을 전혀 모르면 추측해서 읽기도 어렵다. 이런 사람에게 권하고 싶은 것은 이미 내용이나 줄거리를 아는 원서에 도전하는 일이다.

예를 들어 『톰 소여의 모험』이나 『보물섬』 등은 어릴 때 도서관 같은 곳에서 읽은 적이 있을 것이다. 아니면 영화나 애니메이션으로 본 적이 있는 명작 시리즈도 좋다. 이런 유명 작품의 경우 줄거리를 알기 때문에 친해지기 쉽다는 장점도 있지만, 또 하나 리톨드 판이 보급되어 있어서 좋다. '리톨드'란 직역하면 '다시 이야기하다'라는 의미로, 문학 작품의 다이제스트 판을 가리킨다.

대부분의 다이제스트 판은 어린이용이기 때문에 분량도 적어 영어 초보자가 읽기에는 더할 나위 없이 좋다. 또 다이제스트 판에는 650단어 레벨, 1,000단어 레벨, 3,000단어 레벨 등 대략적인 어휘 수도 표시되어 있다. 이것을 보고 자신의 레벨에 맞는 책을 선택하면 된다.

성공적인 원서 정복법

① 느닷없이 장편을 읽지 않는다.

② 100~200쪽 분량의 단편을 끝까지 읽어본다.

③ 이미 내용을 알고 있는 다이제스트 판도 좋다.

어릴 때, 모험 소설이나 탐정 소설(이 역시 다이제스트 판이었을 것이다) 같은 것을 읽으면서 두근거렸던 기분을 떠올리며 영어 다이제스트 판에 도전해보면 어떨까.

08
영어 실력이 쑥쑥 늘어나는 기술 ③
단어 편

초·중학생용 사전을 활용하라

"영어를 잘했으면 좋겠어"라고 말하는 사람의 대부분은 '일상 생활에서 불편이 없을 정도로 말하고 싶어', '그리 어렵지 않은 영어 문장 정도는 읽고 쓸 수 있었으면 좋겠어'라고 생각하고 있을 것이다. 그런데 머리로는 이렇게 생각하면서도 막상 영어 공부는 일상생활과 동떨어진 어려운 단어나 용어가 많이 사용된 책을 고른다.

그 대표적인 예가 사전이다. 일상생활에 불편이 없을 정도의 단어가 목표라면 어려운 단어가 잔뜩 적힌 사전을 쓸 필요가 없다. 영어를 이제 막 배우기 시작하는 초등학생, 중학생을 위해

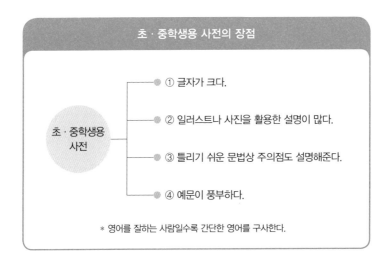

초 · 중학생용 사전의 장점

초 · 중학생용 사전

① 글자가 크다.

② 일러스트나 사진을 활용한 설명이 많다.

③ 틀리기 쉬운 문법상 주의점도 설명해준다.

④ 예문이 풍부하다.

* 영어를 잘하는 사람일수록 간단한 영어를 구사한다.

편집된 사전만으로도 충분하다.

초 · 중학생용을 어떻게 쓰냐고 생각할지도 모르겠지만, 실제로 미국의 초등학생, 중학생은 그 레벨의 단어로도 불편 없이 생활하고 있다. 초 · 중학생 레벨의 단어만 써서 작문해도 실생활에서 충분히 통용된다. 초 · 중학생용 사전은 성인용에 비해 글자도 크고 예문도 풍부하다. 일러스트나 사진도 많고 틀리기 쉬운 문법상 주의점 등도 실려 있어서 그냥 단어의 의미만 설명하는 일반 사전보다도 훨씬 실용적이라 할 수 있다.

도움을 받은 외국인에게 감사 편지를 쓸 때나 인터넷으로 외국인 펜팔 친구에게 메일을 쓸 때는 초 · 중학생 레벨의 영문으로도 충분하다. 어려운 단어를 외우는 것이 영어 실력 향상의 왕도는 아니다.

영문 리듬에 익숙해질 때까지는 기본적으로 영문을 읽을 때 모르는 단어가 나오더라도 사전을 펴지 않는 편이 좋다. 하지만 중요한 단어를 외운다는 의미에서는 사전은 몇 번이고 펼치는 편이 좋다. 왜냐하면 단어는 단어장을 만들어서 통째로 암기하는 것보다 몇 번이고 사전을 찾으면서 자연스럽게 외우는 편이 효과적이기 때문이다.

어떤 학원 강사는 사전을 보면 합격할 수험생과 떨어질 수험생을 구분할 수 있다고 한다. 합격할 수험생이 쓰는 사전은 너덜너덜하고, 떨어질 수험생이 쓰는 사전은 깨끗하다는 말이다. 이것은 사전을 찾는 것이 얼마나 중요한지를 단적으로 보여주는 대목으로, 수험생에게만 한정된 이야기가 아니다. 영어를 잘하는 사람, 좋아하는 사람은 무조건 사전을 찾는 데 익숙하고 성실하다. 모르는 단어가 생기면 바로 사전을 집어 든다. 이런 성실한 자세가 영어 실력 향상 여부를 좌우하는 것이다.

또 아는 단어도 의심스러운 부분이 있다면 확인하는 의미에서 사전을 찾아본다. 의외로 생각지도 못했던 용법을 발견하는 등 응용력이나 새로운 지식을 쌓을 수가 있다.

중요한 것은 몇 번이고 사전을 찾아야지 단어가 비로소 기억으로 정착된다는 점이다. 한 번 찾은 것만으로 외울 수 있는 사람은 컴퓨터와 같은 기억력의 소유자뿐이다. 지금 영문을 술술

읽는 사람도 그렇게 되기까지는 몇 번이고 반복해서 사전을 펼쳐 보았을 것이다. 그렇기 때문에 사전도 너덜너덜한 것이다.

영어를 잘하는 수험생 중에는 사전을 찾을 때마다 조사한 단어에 표시를 하는 사람도 있다. 첫 번째는 연필로 표시하고, 두 번째는 빨간 펜으로, 세 번째는 파란 펜, 네 번째는 형광펜 등과 같은 식으로 색을 바꿔서 선을 긋는다. 이렇게 하면 몇 번 찾아 봤는지 알 수 있기 때문에 그 단어를 기억하기가 훨씬 쉬워진다. 몇 개나 선이 그어져 있는 것을 보면 왠지 모르게 성취감도 생긴다. 사전을 찾는 것이 익숙하지 않는 사람은 이런 방법으로 평소에 사전을 찾는 습관을 들이는 것이 좋다.

시험을 대비한 공부를 할 때 꼭 필요한 것

여러 가지 공부법을 시도하는 것은 금물이다

어떤 공부법이든 한 가지를 정했으면 3개월 이상 꾸준히 노력해야 한다.

창피함은 공부 의욕을 키우는 최고의 영양소

문제를 틀리거나 잘못 알아서 창피를 당한 기억은 절대로 잊히지 않으므로 이를 공부에 활용하도록 하자.

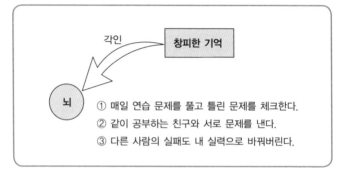

각인 / 창피한 기억 / 뇌

① 매일 연습 문제를 풀고 틀린 문제를 체크한다.
② 같이 공부하는 친구와 서로 문제를 낸다.
③ 다른 사람의 실패도 내 실력으로 바꿔버린다.

합격 수기는 아무런 도움이 되지 않는다

다른 사람의 합격 수기보다 실패담에서 원인을 찾는 것이 공부에 더 도움이 된다.

 수업이나 숙제에 대한 현명한 대처법

대충 해도 되는 부분은 철저히 대충 한다

인간의 집중력에는 한계가 있으므로 현명하게 힘을 조절하여 중요한 부분에만 전력투구하는 습관을 들이자.

예습을 100% 활용하라

짧은 시간이라도 예습을 해두면 다음 날의 수업 내용을 모두 자기 것으로 만들 수 있다.

노트 필기보다 그날 수업에 집중하라

수업 중에는 수업의 흐름과 포인트를 파악하고 집에 와서 복습의 개념으로 노트 정리를 한다.

숙제는 시험에 도움이 되는 정보의 보물 창고

숙제에는 그날 수업의 핵심이 들어 있으므로 절대로 소홀히 하지 않는다.

 참고서 활용법

입소문만 듣고 선택하면 후회한다

기본적으로 나쁜 참고서는 없으며, 자신의 수준에 맞는 참고서가 가장 좋은 것이다.

최고의 참고서를 찾아내는 방법

① 우선 대여섯 권의 후보를 선정하여 비교한다.
② 이미 배웠던 부분을 중점적으로 확인하여 수준을 파악한다.
③ 차례와 색인이 잘 되어 있는지 살펴본다.

어떤 참고서든 그에 맞는 사용법을 파악하라

참고서를 올바르게 사용하기 위해서는 먼저 서문을 읽으면 정확히 알 수 있다.

세 권을 한 번 보는 것보다 한 권을 세 번 공부하는 게 낫다

〈1단계〉
전체를 쭉 훑어보면서 중요한 부분,
취약한 부분을 형광펜으로 표시

〈2단계〉
형광펜으로 표시한 부분 중에서 보다
중요한 부분을 다른 색으로 표시

〈3단계〉
지금까지 표시한 부분을 확인하고,
새롭게 깨달은 부분은 또 다른 색으로 표시

 4 실력을 키워주는 문제집 사용법

지문 설명과 해설이 꼼꼼한 문제집을 골라라

문제집은 해설까지 완벽하게 이해해야 큰 효과를 볼 수 있다.

문제집을 최강의 정리 노트로 만들어라

같은 문제집을 두 권 사서 별책 해답집을 만들어 실전 정리 노트로 활용
한다.

문제집 1	문제집 2
① 문제를 푼다.	① 시간 간격을 두고 문제를 푼다.
② 정답을 모두 채운다.	② 또 틀린 문제는 집중 공부한다.
③ 별책 해답집을 만든다.	③ 실전 정리 노트를 완성한다.

기출 문제를 제대로 활용하라

기출 문제들은 풀어보지 말고 중요 포인트를 파악한 후 정답을 통째로 외운다.

 ## 5 노트의 함정

공부할 때 연필이나 샤프는 쓰지 말라

틀린 문제를 보다 잘 파악하려면 지워지지 않는 펜을 사용하는 것이 좋다.

노트 필기는 한 쪽만 하고 후에 나머지를 보강하라

이상적인 노트 사용법은 한쪽 페이지만 필기를 하고 다른 한 페이지는 나중에 보충 내용으로 채우는 것이다.

영어 실력이 쑥쑥 늘어나는 기술 ① 청취 편

영어를 음악처럼 항상 들어라

영어가 자신도 모르게 익숙해지도록 음원, 방송, 음악, 영화 등을 모두 활용해서 듣는다.

원문을 읽으면서 음원을 들으면 효과가 배가된다

단순히 눈으로 영문을 따라가기보다 귀로 정확한 발음을 들으면서 읽으면 더 효과적이다.

 영어 실력이 쑥쑥 늘어나는 기술 ② 독해 편

얇은 페이퍼백으로 자신감을 키워라

원서를 읽을 땐 의욕과 자신감을 잃지 않도록 가벼운 책부터 시작한다.

영어가 취약한 사람은 다이제스트 판부터 도전하라

① 느닷없이 장편을 읽지 않는다.
② 100~200쪽 분량의 단편을 끝까지 읽어본다.
③ 이미 내용을 알고 있는 다이제스트 판도 좋다.

 영어 실력이 쑥쑥 늘어나는 기술 ③ 단어 편

초 · 중학생용 사전을 활용하라

그냥 단어의 의미만 설명하는 일반 사전보다 초 · 중학생 사전이 보기도 편하고 훨씬 실용적이다.

사전을 적극 활용하여 자연스럽게 단어를 외워라

반복해서 사전을 찾으면 지식이 머릿속에 정착되므로, 단어 찾는 것을
귀찮아해선 안 된다.

당신은 평소에 어떤 환경에서 어떤 계획을 갖고 공부하고 있는가? 당신의 계획들은 현실적으로 실천 가능한 것들인가? 당신의 공부방은 마음 편히 집중할 수 있는 공간인가? 알차고 효율적으로 공부하고 싶다면 우선은 제대로 된 계획을 세우고 주변 환경부터 정돈할 필요가 있다. 실현 가능한 계획을 세우고 책상, 조명, 책꽂이 등을 조금 바꾸는 것만으로도 결과는 크게 달라질 것이다.

chapter 6

척척 진도가 나가는
계획법 · 공부방 개선법

01

절대 실패하지 않는
공부 계획을 세우는 방법

계획은 하루 단위로 세워라

월간, 주간 단위로 세밀하게 공부 계획을 세우는 사람이 꽤 많다. 분명 이를 계획표로 만들어 책상 앞에 붙이거나 하면 왠지 모르게 힘이 솟는다. 하지만 계획이 생각대로 진행되는 일은 거의 없다. 생각지도 못했던 부분에서 애를 먹거나 갑자기 다른 일정이 끼어들기도 하고, 아니면 컨디션이 나쁜 날도 있다.

이런 식으로 단 하루치 예정이 어긋나기만 해도 계획은 삐걱거리게 된다. 다시 계획을 수정해야 하기 때문에 귀중한 시간이 덧없이 흘러가고, 게다가 이를 몇 번이나 반복하게 되면 '계획은 깨지라고 있는 거야'라며 자신에게 관대해지게 된다. 이는 수험

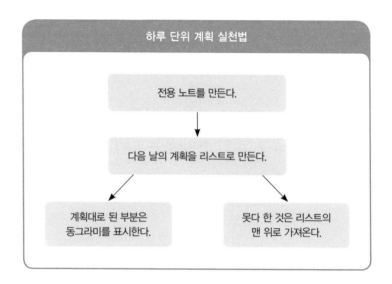

하루 단위 계획 실천법

전용 노트를 만든다.

↓

다음 날의 계획을 리스트로 만든다.

계획대로 된 부분은
동그라미를 표시한다.

못다 한 것은 리스트의
맨 위로 가져온다.

생에게 최악의 상황이다.

또 반대로 계획에 너무 집착한 나머지 할당량 지옥에 빠져 정신적인 균형이 깨지기도 한다. 계획이 어긋나면 너무 심하게 스트레스를 받아 오히려 공부에 집중하지 못하는 사람도 있다.

그러므로 시험공부 계획은 우선 하루 단위로 세우는 것이 중요하다. 전용 노트를 만들고 책상 위 눈에 띄는 곳에 둔다. 그리고 자기 전에 내일 해야 할 일을 차근차근 적는다. 혹은 공부하기 전에 다음 날의 계획을 세우는 것도 좋다.

그날 공부가 끝나면 리스트를 확인하고, 못다 한 것이 있다면 다음 날 계획을 세울 때 리스트의 맨 위로 가져간다. 이렇게 하루하루의 스케줄을 확실하게 관리하는 것이 계획적인 공부의 첫걸음이다.

사람이 집중해서 공부할 수 있는 것은 하루 중 기껏해야 6시간 정도라고 했지만, 시험을 한 달여 정도 앞두게 되면 이런 말만 하고 있을 수는 없다. 컨디션에 유의하면서 가능한 많이 공부해야 한다. 시험까지 앞으로 한 달. 이 한 달을 어떻게 보내느냐에 따라 당락이 결정된다고 생각하면 매일 서너 시간만 자면서 공부에 매진할 수 있다.

실제로 시험을 한 달 남겨두고 성적이 급상승하거나, 반대로 급강하는 일은 그리 드물지 않다. 언어에 대한 자격시험을 공부하는 사람은 일정 시기가 되면 갑자기 안개가 걷힌 듯 독해력이 붙게 되는데, 일 년 동안 꾸준히 공부해온 성과가 이 시기에 비로소 나타난다고 해도 이상할 것이 없다. 또 그밖에 고시 등 늦게 시험 준비를 시작했던 사람이라도 이 시기에는 마지막 힘을 다해 분발하는 것은 말할 필요도 없다.

이 시기의 공부법은 어떤 분야의 시험이든 기출 문제를 풀면서 아직 못 외운 부분을 확인하고, 이를 철저하게 해치워가는 것이다. 새로운 문제집이나 참고서에 손댈 필요는 없다. 지금까지 써온 오답 노트나 도저히 암기하지 못했던 내용이 적힌 카드 등이 가장 좋은 참고서다.

단, 시험 일주일 전이 되면 리듬을 바꿀 필요가 있다. 오전 9시부터 시험이 시작한다면 매일 아침 6시에 일어나 오전 9시에는 머리가 베스트 컨디션이 되도록 조정해둔다. 그리고 실제 시험과 똑같은 스케줄로 예상 문제를 푼다. 밤 10시에는 반드시 자도록 한다. 이렇게 일주일 동안 입시 리허설을 해두면 진짜 시험을 볼 때 흥분할 일도 없을 것이다.

02
학습 효율을 더욱
향상시키는 비결

시험에 합격하려면 목욕 타이밍에도 신경을 써라

효과적인 시험 공부를 위해서는 목욕 타이밍에도 신경 써야한다. 가장 멍청한 짓은 자기 직전에 목욕하는 것이다. 물에 몸을 담그면 머리나 몸이 재충전되어 최고의 상태가 된다. 그럼에도 불구하고 이불 속으로 직행하는 것은 너무 아까운 일이다.

목욕하기에 가장 좋은 시간은 공부를 일단락 짓고 저녁 식사를 하기 직전, 아니면 저녁 식사 후 공부를 시작하기 전이다. 기본적으로는 이 둘 중에서 마음에 드는 시간대를 선택하면 되지만, 아침부터 오랫동안 공부에 집중해서 뇌가 너무 지쳤을 때는 저녁 식사 전에 하는 것이 좋다. 기분 전환이 되어 힘이 솟는다.

공부의 효율을 높여주는 목욕법

① 컨디션에 따라 저녁 식사 전후 시간을 이용한다.

② 잠시 졸릴 땐 샤워를 하는 것이 좋다.

③ 입욕 후엔 뇌와 몸이 재충전되므로 집중하여 공부한다.

"밥을 먹으면 또 열심히 공부해야지"라며 분발할 수도 있다.

밥을 먹고 금방 졸린 사람은 저녁 식사 후에 목욕하면 좋다. 배가 불러 멍할 땐 억지로 책상 앞에 앉아 있어도 집중할 수 없다. 어차피 능률이 오르지 않는다면 욕조에 몸을 담그고 뇌를 활성화시키는 편이 훨씬 이득이다.

샤워의 효과도 간과할 수 없다. 예를 들어 공부를 하다가 갑자기 졸릴 때가 있는데, 이때 '아주 잠깐만'이라며 이불 위에 엎드려서는 절대 안 된다. 뇌는 일단 휴식 모드로 들어가면 좀처럼 원래의 풀가동 모드로는 돌아가지 못한다.

이럴 때에는 얼른 샤워를 한다. 뜨거운 물을 좍좍 부으면 정신이 번쩍 든다. 이때는 욕조에 들어가지 않는 편이 더 좋다. 시간도 걸리고 물에서 나와도 졸리기만 할 뿐이다.

우뇌와 좌뇌를 번갈아 사용하라

인간의 뇌에는 우뇌와 좌뇌가 있는데, 공간을 지각하거나 논리적으로 사고·추리하는 작업은 전적으로 우뇌가 담당한다. 예를 들어 수학, 물리, 화학 등 머릿속에서 물체를 회전시켜 다른 각도에서 바라본 모양을 상상하거나, 3차원적으로 생각할 필요가 있는 과목을 공부할 때는 우뇌가 풀가동된다. 좌뇌는 거의 일하지 않는다. 한편, 언어 중추가 있는 좌뇌는 문과 계열 과목을 공부할 때 풀가동되며, 그동안 우뇌는 쉬게 된다.

공부 계획을 짤 때는 이 우뇌와 좌뇌의 역할이 다르다는 점을 이용하도록 한다. 다시 말해 우뇌적 공부와 좌뇌적 공부를 번갈아 하면 어느 한쪽 뇌에 과부하가 걸리는 일을 막을 수 있다. 따라서 오랫동안 공부해도 비교적 머리가 지치지 않는다.

입시라면 여러 과목을 공부해야 하므로 우뇌와 좌뇌를 번갈아 공부하는 게 어렵지 않겠지만 목적을 가지고 특정 분야를 공부하거나 자격 시험을 준비하는 직장인들에겐 쉽지 않을 수 있다. 하지만 우뇌와 좌뇌를 구분해서 공부하는 방법은 문과 계열 과목만 공부할 때에도 응용할 수 있다. 책을 읽거나 노트에 무언가를 적는 것은 좌뇌의 일이고 영어를 청취·음독하거나 논술처럼 글을 쓰는 등 논리적인 작업은 우뇌의 일이므로, 이 두 작업을 번갈아서 공부하는 것이 효율적이다.

휴일에는 효율적인 공부 시간을 적극 활용한다

여름휴가나 공휴일과 주말이 껴서 오랫동안 휴일이 이어지면, 심야에 공부하고 아침 10시까지 늦잠을 자고서는 가볍게 식사를 한 다음 다시 공부를 시작해서, 오후 3시경에 잠시 쉬면서 점심 식사를 하는 저녁형 생활을 하는 사람이 적지 않다. 하지만 사실 저녁형 공부는 그다지 능률적이지 않다.

어떤 학자가 인간의 학습이나 작업 능력이 하루 동안 어떻게 변하는지를 알아보기 위해 다음과 같은 실험을 했다.

초등학교 5~6학년과 대학생을 대상으로 다양한 시간대에 덧셈, 뺄셈, 곱셈 등 계산 문제를 풀게 하거나 여러 가지 기억력 테스트를 실시했는데, 그 결과 오전 8시경의 성적이 100이라면 오전 10시에는 106까지 올랐다. 그러다가 오후 1시에는 98까지 떨어지다가 오후 3시가 지나자 다시 103까지 오르는 것을 알 수 있었다. 다시 말해 한밤중에 하는 공부는 그 능률이 최악이라는 것이다.

낮에 직장에 있거나 학원 수업을 받을 때에는 어쩔 수 없이 밤에 집중적으로 공부하게 된다. 하지만 쉬는 날까지 밤에 공부를 하는 것은 손해다. 휴일에는 아침형으로 전환하여 늦어도 아침 8시에는 일어난다. 그리고 뇌가 가장 활발하게 움직이는 오전 10시와 오후 3시에 공부가 정점에 달할 수 있도록 하루의 스케줄을 짜는 것이다.

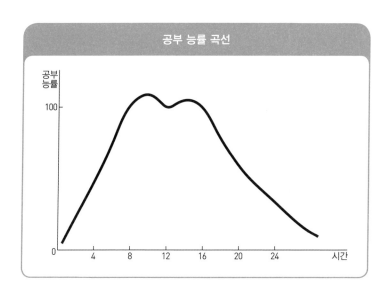

즉, 정해진 시간에 일어나 정해진 시간에 밥을 먹는 간단한 일이 공부 능률을 확실하게 올려줄 것이다.

03
공부를 하다 보면 찾아오는
위기 탈출법

하고 싶은 일은 하나로 줄여라

합격 통지서가 손에 들어올 때까지는 모든 일에서 수험 공부를 최우선으로 한다. 이는 수험생이라면 당연한 일이다. 하지만 그렇다고 해서 오로지 공부만 하고 다른 일을 전부 희생시켜버리면 오랜 수험 생활을 극복하지 못하게 되는 것도 사실이다. 사람은 공부나 일만 해서는 스트레스가 너무 쌓여 정신적으로 궁지에 몰리거나 슬럼프에 빠지기 쉽다. 또 항상 피곤하고 두통이나 위통이 생기는 등 건강을 해치는 경우도 많다.

공부와 일상생활, 하고 싶은 일을 능숙하게 병행하는 것이 오랜 수험 생활을 끝까지 건강하게 해낼 수 있는 비결이라는 사실

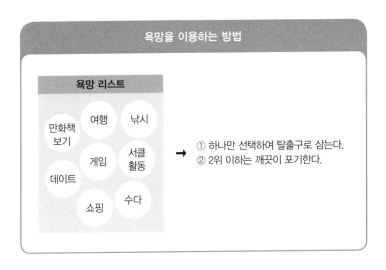

욕망을 이용하는 방법

욕망 리스트

만화책 보기 · 여행 · 낚시 · 게임 · 서클 활동 · 데이트 · 쇼핑 · 수다

→ ① 하나만 선택하여 탈출구로 삼는다.
② 2위 이하는 깨끗이 포기한다.

은 말할 필요도 없다. 단, 공부 이외에 하고 싶은 일은 한 가지로 제한한다. 예를 들어 동아리 활동, 데이트, 게임을 모두 하고 싶다는 것은 지나친 욕심이다. 즐거운 일이 많을수록 공부에 투자할 시간이 줄어들고, 집중도 할 수 없다. 원래 한 번에 세 가지 이상의 일을 동시에 병행하는 것은 슈퍼맨이 아닌 이상 불가능하다. 전부 제대로 하려고 들면 자는 시간을 줄일 수밖에 없고, 결국엔 시험을 망치게 된다.

그렇다면 어떻게 이 하나를 선택하면 좋을까? 우선 자신이 하고 싶은 일은 모두 리스트로 만들어본다. 그리고 차분히 생각한다. "음악을 계속하기 위해서는 게임을 포기해야 해", "데이트를 위해서라면 서클 활동은 포기해도 돼"라는 식으로 하나씩 추려 나간다.

우선순위가 정해지면 2위부터 그 아래에 있는 것들은 시험이 끝날 때까지 깨끗이 포기한다. 그리고 포기한 것은 두 번 다시 생각하지 않는다. 수험생에게는 이렇게 깨끗하게 단념하는 자세가 중요하다.

슬럼프는 더 높이 도약할 수 있는 기회이다

스포츠의 세계에서는 지금까지 잘해왔던 선수가 어느 날을 경계로 갑자기 상태가 나빠져 얼마 동안 힘들어 하는 경우를 종종 볼 수 있다. 이것이 바로 슬럼프인데, 슬럼프는 스포츠 선수에게만 찾아오는 것이 아니다. 공부하는 사람에게도 찾아온다. 예를 들어 열심히 하는데도 불구하고 모의고사 성적이 전혀 오르지 않는다거나, 오르기는커녕 점점 떨어지는 경우에 슬럼프가 올 수 있다.

계속 노력하는데도 실력이 정체되는 슬럼프 상태를 심리학에서는 '플래토plateau, 연습의 고원'라고 부른다. 이 플래토는 스포츠에서도, 공부에서도, 일종의 기술을 습득해가는 데 피할 수 없는 단계인 것이다. 하지만 계속 노력하는 한 플래토에 영원히 정체하는 일은 없으므로 안심해도 된다.

미국 심리학자들의 연구에 의하면 슬럼프는 반드시 지나간다고 한다. 일단 이렇게 통과하면 같은 노력을 해도 이전보다 훨씬 높은 기술을 습득한다는 사실이 판명되었다. 다시 말해 슬럼프는 실력을 확 끌어올릴 기회가 찾아왔다는 사인이다. 슬럼프에 빠졌다고 기가 죽거나 자기혐오에 빠질 필요는 없다.

하지만 현실적으로 일단 슬럼프에 빠지면 당장 의욕이나 끈기가 없어진다. 이럴 때야말로 "급할수록 돌아가라" 즉, "The more haste, the less speed"라고 생각하고, 앞에서 공부했던 부분 중 쉬운 대목을 골라 다시 한번 복습한다. 자신감이 회복되면서 슬럼프를 극복할 수 있는 힘이 생길 것이다.

다급할 때는 쇼크 요법이 효과적이다

인간의 집중력에는 한계가 있다. 뇌 연구자에 의하면 보통 사람은 40~50분이 한계로, 이 시간을 넘기면 집중력이 급격히 떨어진다고 한다. 이럴 때에는 10~15분 정도 음악을 듣기도 하고 산책도 하면서 뇌의 긴장을 완전히 풀면 집중력은 자연스럽게 회복된다.

그러나 내일 당장 시험을 봐야 한다면 이렇게 여유를 부릴 수 없다. 이때는 '쇼크 요법'을 사용해보자. "슬슬 집중력이 떨어지겠군"이라든가 "공부에 질렸나 봐"라고 느끼면 잠시 휴식을 취한다. 휴식이라고 해도 완전히 책상에서 벗어나는 것이 아니다.

기분 전환 겸 커피라도 마시면서 지금까지 공부했던 부분의 연습 문제를 풀어보자. "어머! 바로 전에 공부했는데 모르겠어,"

쇼크 요법의 단계
〈1단계〉 집중력이 떨어지면 잠시 휴식을 취한다.
↓
〈2단계〉 이미 안다고 생각했던 문제들을 다시 풀어본다.
↓
〈3단계〉 모르는 부분이 나오면 쇼크로 뇌가 활성화된다.

"이 문제는 도저히 못 풀겠어"라는 문제가 분명히 몇 개씩 나올 것이다. 이 쇼크로 뇌가 바짝 긴장, 집중력이 갑자기 회복된다. 다시 말해 뇌가 순식간에 공부 모드로 돌아오는 것이다.

심리학에서는 이를 '즉시 강화의 원칙'이라고 한다. 다급할 때에 한번 시험해보자.

04
공부를 돕는
똑똑한 사전 사용법

마음에 드는 사전을 하나 골라 애용하라

이미 집에 있는 책인데도 잊어버리고 똑같은 책을 한 권 더 산 다음에 나중에 후회해본 적이 있을 것이다. 책을 좋아하는 사람이라면 가끔 이런 일을 겪는다. 책은 기본적으로 소모품이 아니기 때문에 같은 내용의 책이 몇 권이나 있어도 소용없다. 하지만 이는 어디까지나 일반적인 책 이야기이다. 사전의 경우는 얘기가 다르다.

공부하기 위해서는 국어사전, 영한사전, 용어사전 등이 반드시 필요하며, 공부하면 할수록 마음에 드는 사전이 생기기도 한다. 예를 들어 같은 국어사전 중에서도 '활자가 보기 좋다', '설명

이 알기 쉽다' 등의 이유로 특별히 애착이 가는 사전이 있을 것이
다. 이런 사전은 한 권이 아니라 두 권 사서 집과 직장에 각각 두
는 것이 좋다.

집에서는 A출판사 사전을 쓰고, 직장이나 학교에서는 B출판
사 사전을 쓰는 사람도 많은데, 이는 그다지 현명한 사전 사용법
이라고 할 수 없다. 사전은 모르는 내용을 찾아보기 위해 존재하
는 것으로, 가까운 곳에 손에 익은 사전을 둘 필요가 있다. 이를
위해서는 당연히 직장과 집에 같은 출판사의 사전을 두어야 한
다. 손에 익은 사전일수록 원하는 내용을 쉽게 찾을 수 있으므로
시간도 절약할 수 있다.

사람들 중에는 편자나 출판사에 따라 각기 다른 해석을 비교
해야 한다며 일부러 사전을 여러 권 사는 사람도 있다. 하지만
이것은 다양한 표현을 익히거나 더 깊이 있게 공부해야 할 때만

좋아하는 사전을 썼을 때의 장점

① 마음에 드는 사전을 쓰면 공부 의욕이 높아진다.

② 손에 익은 사전일수록 원하는 내용을 쉽게 찾을 수 있다.

③ 내용을 쉽게 찾을 수 있으므로 시간이 절약된다.

찾아보도록 하고 그냥 단순히 조사 목적일 때는 가장 마음에 드는 사전 하나만 애용하는 것이 현명하다.

사전은 함부로 사용할수록 좋다

누구나 어릴 적에 부모님으로부터 책은 소중히 간직하라는 주의를 받은 경험이 있을 것이다. 책이 더러워지지 않도록 책을 읽기 전에는 반드시 손을 씻으라는 교육을 받은 사람도 있다. 하지만 공부에 필요한 책은 이렇게 '도덕적'으로 보지 않는 편이 좋다. 오히려 더러워지기 위해 존재한다고 생각하자. 그중에서도 특히 사전을 대할 때는 의식 개혁이 필요하다. 어떻게든 쓰기 편한 상태로 만드는 것이 가장 좋다. 이를 위해서는 우선 케이스를 버려야 한다.

대부분의 사전은 케이스 안에 넣어 판매되는데, 계속해서 케이스에 담아 쓰면 사용하기가 너무 불편하다. 무언가를 조사하려 할 때마다 매번 케이스에서 꺼내는 수고를 해야 하고, 정리할 때도 마찬가지다.

특히 종이가 얇은 사전은 찢어지지 않도록 넣고 꺼내는 데 상당히 신경을 써야 한다. 결국 "귀찮으니까 싫어"라는 생각이 들어 사전을 찾아보는 횟수가 적어진다. 그렇기 때문에 케이스는 사자마자 버리는 것이 제일이다.

또 띠지나 책 포장지도 버리는 것이 좋다. 깨끗하게 장정되어 있어 '아까워서 버릴 수 없어'라고 생각한다면 어딘가에 넣어 따로 보관은 하더라도 어쨌든 사전에서는 벗겨내야 한다.

사전은 '소모품'이라 생각하고 마구 더럽힐 각오로 쓰는 것이 좋다. 그렇다고 일부러 험하게 쓸 필요는 없지만, 비싼 사전이라고 해서 너무 소중하게 다루면 그것은 사전이 아니라 그저 책꽂이 장식품일 뿐이다.

05
외부의 상황에 영향 받지 않는
환경 조성법

마스킹 효과를 이용하여 소음을 없애라

어떤 소리인가에 따라서 기분 좋게 들리기도 하고, 시끄럽게 들리기도 한다. 예를 들어 어린 아이가 치는 피아노 소리는 아이의 부모에게는 아무렇지도 않게 들리겠지만 다른 사람은 듣기 싫을 수도 있다. 마음을 가라앉히고 공부하려고 할 때는 이보다 더한 소음이 없을 것이다. 하지만 시끄럽다고 항의를 하다가는 이웃과 마찰이 생길 수 있다. 가능하면 다른 방법을 생각해보자. 여기서 추천하고 싶은 방법은 바로 '마스킹 효과'에 의한 소음 봉쇄다.

마스킹이란 말 그대로 마스크를 씌우는 것이다. 즉, 신경 쓰이는 소리 위에 다른 음을 덧씌워서 소음이 신경 쓰이지 않도록 만드는 방법이다.

방법은 간단하다. 자신이 좋아하는 음악, 집중할 수 있는 음악을 틀면 된다. 이렇게 하면 귀는 자연스럽게 자신이 튼 음악 쪽에 집중하게 되고 마음도 진정시킬 수 있다. 지금까지 신경 쓰였던 소리가 신기할 정도로 사라진다. 이는 피아노 소리뿐 아니라 바람 소리나 말소리 등 그 어떤 소리에도 효과적이다.

단, 음악을 틀 때는 록과 같이 격한 곡조나 무심코 빠져들 것 같은 곡은 피해야 한다. 가능하면 느린 리듬에 비슷한 멜로디가 반복되는 음악이 좋다. 클래식이라면 바흐나 비발디 등 바로크 음악을 권하고 싶다. 클래식을 그다지 좋아하지 않는 사람이라면 폴 모리아Paul Mauriat 등의 분위기 있는 음악도 괜찮다.

제2장의 「음악은 공부의 효율성을 높여준다」에서 설명한 것처럼 가벼운 BGM은 집중력을 향상시킨다. 음악을 들으면 집중할 수 없을 것 같지만, 사실은 오히려 집중력이 높아진다.

시각적 노이즈를 없애는 방법

기업 간부 연수회 등에 가서 호텔에 틀어박혀 공부에 집중하려 할 때 창밖으로 보이는 멋진 경치 등에 시선을 빼앗겨 정작 중요한 공부에 집중할 수 없게 되는 경우가 있다. 이는 자기 집

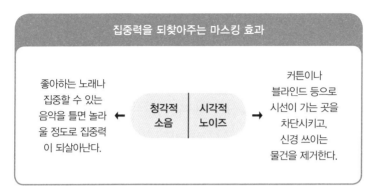

집중력을 되찾아주는 마스킹 효과

좋아하는 노래나 집중할 수 있는 음악을 틀면 놀라울 정도로 집중력이 되살아난다. ← 청각적 소음 | 시각적 노이즈 → 커튼이나 블라인드 등으로 시선이 가는 곳을 차단시키고, 신경 쓰이는 물건을 제거한다.

공부방에서도 마찬가지다. 창밖의 전망이 좋으면 무심코 밖으로 시선이 가서 주의가 산만해진다.

이러한 것을 '시각적 노이즈'라고 하는데, 보지 않으려고 해도 어느 순간 무심코 보게 되는 것을 말한다. 이렇게 시각적 노이즈가 심할 때에는 앞에서 설명했던 소음 대책과 마찬가지로 시각적 노이즈를 마스킹해버리는 수밖에 없다.

시각적 마스킹이라고 해서 더 어려울 것은 없다. 창밖의 풍경이 신경 쓰인다면 커튼이나 블라인드를 치고, 외부의 시각 자극을 차단해버리면 된다. 또한 방 안에 있는 장식품이 신경 쓰인다면 이를 치워버리면 그만이다.

수험생도 마찬가지다. 집중할 수가 없다고 투덜거리는 수험생의 방에는 연예인들의 포스터가 다닥다닥 붙어 있는 경우가 많다. 그것이 없으면 마음이 진정되지 않는다면 또 모르겠지만, 몇 개나 되는 포스터가 붙어 있으면 이것들에 금방 시선이 가고 만다. 이런 경우는 우선 포스터를 떼는 것부터 시작하자.

집중할 수 있는
공부방 만들기

공부가 잘되는 방의 색채는 다르다

음식을 담을 때 따뜻한 음식은 난색 계열, 차가운 음식은 한색 계열 접시에 담는 것이 기본이다. 난색 계열의 접시를 쓰면 따뜻한 음식은 더욱 따뜻하게, 한색 계열의 접시를 쓰면 차가운 음식은 더욱 차갑게 느껴지기 때문이다. 이것은 시각을 이용해서 보다 맛있게 음식을 먹을 수 있는 방법인데, 공부하기 쉬운 방 만들기에도 이 같은 원리를 응용할 수 있다.

서재나 공부방의 색으로 적당한 것은 파란색이나 녹색 등과 같은 한색 계열이다. 한색 계열은 지성이나 이성을 활성화시키는 효과가 있기 때문이다. 반대로 빨간색이나 노란색, 갈색 등

난색 계열이 많은 방은 공부하는 데 적절하지 않다. 난색 계열을 베이스로 삼은 방은 기분을 안정시키는 효과가 있기 때문에 피로를 풀거나 편안히 자기에는 좋지만, 집중해서 공부하려 할 때는 좋지 않다.

그러므로 서재나 공부방은 벽지부터 한색 계열로 바르는 것이 이상적이며, 이것이 무리라면 카펫이나 커튼, 가구, 쿠션 등을 이용해서 한색 계열의 방으로 연출하도록 한다. 카펫을 파란색 계열로 바꾸거나 커튼을 회색으로 바꾸기만 해도 충분히 효과를 볼 수 있을 것이다.

공부 능률을 향상시키는 조도를 만들라

어린이를 위한 애니메이션 프로그램은 시작할 때 '방을 밝게 하고 텔레비전에서 일정 거리를 두고 시청하세요'라고 주의를 준다. 어두운 방에서 밝은 텔레비전 화면을 보면 눈이 극도로 피곤해지기 때문이다.

방에서 공부를 하거나 독서를 할 때도 마찬가지다. 대부분의 사람들이 영화관처럼 주위를 어둡게 하고 스탠드만 켜고 책상 앞에 앉으면 집중할 수 있을 거라 생각하지만, 사실은 그렇지 않다. 눈은 밝은 책상 위를 보고 있지만 주위의 어둠도 함께 느끼고 있다.

이상적인 공부방 만들기

① 난색 계열의 방은 기분을 안정시키므로 집중해서 공부하기 어렵다.

② 카펫이나 커튼 등을 한색 계열로 하면 머리가 냉정해진다.

③ 조명을 구분해서 사용한다.

④ 책상 위가 2, 방 전체가 1이 되도록 밝기를 조절하면 집중해서 공부할 수 있다.

그런데 눈은 주위의 밝기에 따라 동공을 닫기도 하고 열기도 한다. 책상 위가 밝고 주변이 어두우면 동공은 어느 한 곳에 초점을 맞추려고 개폐를 반복하기 때문에 쉽게 지친다. 책상과 방의 밝기가 너무 다르면 눈뿐 아니라 집중하기에도 좋지 않다. 그렇다면 이상적인 조명의 밝기는 어떻게 알 수 있을까?

책상 위의 조명의 밝기와 방 전체의 조명의 밝기를 2 : 1 정도가 되도록 하면 된다. 조도로 말하면 책상 위가 200~300럭스, 방이 100~150럭스 정도다. 쉽게 설명하자면 방에 조명을 켠 다음에 책상 위의 스탠드로 밝기를 조절한다. 100와트 백열등을 쓰는 스탠드를 켜면 대체로 200~400럭스의 조도를 만들 수 있다.

또 방 전체의 조명은 백열등보다 형광등이 좋다. 방 전체는 형광등, 책상 가까이는 백열등으로 배치하는 식으로 종류가 다른 조명을 함께 쓰면, 공부 능률을 올려주는 조도를 만들 수 있다.

방의 온도를 너무 따뜻하게 하지 말라

"무념무상의 경지에 이르면 불조차도 서늘하게 느껴진다"는 말이 있다. 정신 단련을 한다면 모르겠지만, 이런 사고방식은 효율적으로 공부하는 데 전혀 도움이 되지 않는다. 더운 여름에 땀을 흘리면서 책상 앞에 앉아 있기보다는 서재나 공부방에 에어컨을 켜는 편이 훨씬 공부가 잘 된다. 물론 추울 때도 마찬가지다. 요즘 세상에 난방도 하지 않고 "추워, 추워"라며 언 손을 비비면서 공부하는 사람도 없겠지만 말이다.

주의가 필요한 것은 난방 기구다. 난방 기구라고 하면 대부분의 사람들은 제일 먼저 스토브를 떠올릴 텐데, 이 스토브는 공부방용 난방 기구로는 부적합하다. 위든 아래든 어느 한쪽만 따뜻하고 다른 부분은 춥기 때문에 집중하는 데 방해가 된다. 그래도 스토브를 사용해야 하는 경우라면, "두한족열頭寒足熱"이라는 말도 있듯이, 머리의 움직임을 활발하게 하기 위해 발은 따뜻하게 하더라도 머리는 조금 서늘하게 두는 편이 좋다.

방의 전체 온도는 20도 정도로 유지하는 편이 좋다. 그다지 춥지 않은 날씨라면 이것만으로도 충분히 따뜻하다는 느낌이 들 것이다. 서재나 공부방은 방 전체를 너무 덥지 않게 만드는 것이 중요하다.

큰 식탁을 공부 공간으로 활용하라

'남자의 서재'는 일종의 사회적 신분을 나타낸다고 하는데, 이는 현실적으로 그런 서재를 갖지 못하는 남자들이 많기 때문에 생긴 말일 것이다. 공부를 하려면 책상을 둘 장소부터 생각해야 하는 것이 현실이다. 하지만 이렇게 좁은 우리 집에도 머리를 어떻게 쓰느냐에 따라 훌륭한 서재를 만들 수 있다.

예를 들어 부엌 식탁을 서재 책상으로 만들 수도 있다. 물론 가족 4명이 간신히 밥을 먹을 수 있는 정도의 식탁을 공부 책상으로 쓰는 것은 무리이고, 사전이나 참고서도 만족스럽게 펼쳐둘 수가 없을 것이다. 이때는 조금 무리해서 가능한 한 큰 식탁을 사보자. 여유롭게 공부할 수 있는 공간이 만들어질 것이다.

요즘 지어진 집이나 아파트는 대부분 거실과 부엌이 하나로 되어 있다. 넓지 않은 공간에 식탁과 작은 소파를 모두 놓는 집이 많은데, 소파를 치우고 큰 식탁을 놓자. 그러면 소파가 없어지는 만큼 큰 식탁을 놓을 수 있고 방도 훨씬 쾌적해진다. 거실 한가운데에 큰 식탁을 두면 식사할 때나 온 가족이 함께 무언가를 할 때도 좋고, 아내의 작업 공간으로도 쓸 수 있다.

저녁 식사를 마친 후 아내는 식탁 한쪽에서 가계부를 적고, 남편은 다른 한쪽에서 공부를 한다. 한밤중, 배가 고픈 아이가 야식을 먹는 일도 있을 것이다. 좁은 식탁을 공유하면 짜증도 나겠지만, 넓은 식탁이라면 옆에서 누가 무엇을 하든 상관없다.

아버지가 식탁에서 공부하면 자연스럽게 아이도 그 옆에서 공부하고 싶다는 생각이 들지도 모른다. 아버지도 존경받고 가족 간의 커뮤니케이션도 좋아지니 그야말로 일석이조의 방법이라고 할 수 있다.

책은 꺼냈으면 반드시 원래 있던 곳에 두라

정리를 잘 못하는 사람은 쌓아두기만 할 뿐 다 쓴 물건을 제자리에 갖다 놓지 않는다. 그나마 방은 지저분하더라도 '내가 정리를 잘못해서…'라고 생각하고 참으면 그만이다. 하지만 책이 이리저리 널려 있으면 이렇게 생각하는 것으로 끝나지 않는다. 책이 널려 있으면 효율적으로 공부할 수 없기 때문이다.

연필을 못 찾겠으면 대신 볼펜을 쓰면 된다. 잘 잃어버리는 사람은 좀 많이 준비해두는 등 대책을 강구해도 되지만, 책은 그렇지가 않다. 비슷한 책이 아무리 많아도 원하는 책이 없으면 아무 소용이 없다.

효율적으로 공부하려면 아무리 정리를 못한다 하더라도 책만은 원래 있던 장소에 갖다 두는 습관을 들여야 한다. '내일 또 읽을 거니까…'라며 그 자리에 팽개쳐두지 말고 반드시 원래 있던 장소에 가져다둔다. 조금 귀찮겠지만 필요할 때 재빨리 찾을 수 있다고 생각한다면 어떻게 하는 것이 정말 좋은 방법인지 생각할 필요도 없을 것이다.

절대 실패하지 않는 공부 계획을 세우는 방법

계획은 하루 단위로 세워라

전용 노트를 만들고 계획을 리스트화하여 매일매일 체크하도록 한다.

시험 전 한 달을 알차게 보내는 법

기출 문제를 중심으로 공부했던 내용을 확실히 암기하면서 컨디션 조절에 들어간다.

 학습 효율을 더욱 향상시키는 비결

시험에 합격하려면 목욕 타이밍에도 신경을 써라

① 컨디션에 따라 저녁 식사 전후 시간을 이용한다.
② 잠시 졸릴 땐 샤워를 하는 것이 좋다.
③ 입욕 후엔 뇌와 몸이 재충전되므로 집중하여 공부한다.

우뇌와 좌뇌를 번갈아 사용하라

우뇌와 좌뇌의 역할이 다른 점을 이용하여 공부하면, 한쪽 뇌에 과부하가 걸리는 일을 막을 수 있다.

휴일에는 효율적인 공부 시간을 적극 활용한다

뇌가 가장 활발하게 움직이는 시간은 오전 10시와 오후 3시이므로, 휴일엔 이에 맞춰 공부 스케줄을 짠다.

 공부를 하다 보면 찾아오는 위기 탈출법

하고 싶은 일은 하나로 줄여라

무조건 욕망을 참는 것은 스트레스가 되므로 가장 하고 싶은 것 하나만 골라 시험이 끝날 때까지 탈출구로 삼는다.

슬럼프는 더 높이 도약할 수 있는 기회이다

슬럼프는 실력을 확 끌어올릴 기회가 찾아왔다는 사인이므로, 이미 알고 있는 내용을 복습하면서 현명하게 극복하자.

다급할 때는 쇼크 요법이 효과적이다

〈1단계〉
집중력이 떨어지면 잠시 휴식을 취한다.

〈2단계〉
이미 안다고 생각했던 문제들을 다시 풀어본다.

〈3단계〉
모르는 부분이 나오면 쇼크로 뇌가 활성화된다.

 4 공부를 돕는 똑똑한 사전 사용법

마음에 드는 사전을 하나 골라 애용하라

사전을 편하게 접하고 익숙하게 보기 위해선 하나만 골라 애용하는 것이 좋다.

사전은 함부로 사용할수록 좋다

사전은 소모품이므로 마구 더럽힐 각오로 함부로 쓰는 것이 실력을 향상 시키는 비결이다.

외부의 상황에 영향 받지 않는 환경 조성법

마스킹 효과를 이용하여 소음을 없애라

소음이 신경 쓰인다면 자신이 좋아하는 음악, 집중할 수 있는 음악을 틀어 덮어버리는 마스킹 효과를 이용한다.

시각적 노이즈를 없애는 방법

커튼이나 블라인드 등으로 시선이 가는 곳을 차단시키고, 신경 쓰이는 물건을 제거한다.

 집중할 수 있는 공부방 만들기

공부가 잘되는 방의 색채는 다르다

난색 계열은 기분을 안정시키는 효과가 있으므로, 집중해서 공부하려면 한색 계열로 방을 꾸며라.

공부 능률을 향상시키는 조도를 만들라

① 조명을 구분해서 사용한다.
② 책상 위가 2, 방 전체가 1이 되도록 밝기를 조절하면 집중력이 높아 진다.

방의 온도를 너무 따뜻하게 하지 말라

머리의 움직임을 활발하게 하기 위해 방의 전체 온도는 20도 정도로 유지하는 것이 좋다.

큰 식탁을 공부 공간으로 활용하라

집이 좁다면 큰 식탁을 이용하여 가족들 공동의 공부 공간으로 활용하라.

책은 꺼냈으면 반드시 원래 있던 곳에 두라

효율적으로 공부하려면 다른 건 몰라도 책만은 원래 있던 장소에 두는 습관을 들여야 한다.

직장인을 위한
신개념 공부 지침서!

신개념
공부법

초판 1쇄 발행   2021년 6월 17일
원저자 ㅣ 헤이세이 생활 연구회
옮긴이 ㅣ 박선영
펴낸이 ㅣ 정광성
펴낸곳 ㅣ 알파미디어
등록번호 ㅣ 제2018-000063호
주소 ㅣ 서울시 강동구 천호옛12길 46 2층 201호
전화 ㅣ 02 487 2041
팩스 ㅣ 02 488 2040
ISBN 979-11-91122-07-7   03320